OK 우리몸

2022년 5월 25일 1판 2쇄 **펴냄**
2022년 4월 25일 1판 1쇄 **펴냄**

펴낸곳 (주)효리원
펴낸이 윤종근
글쓴이 우리몸연구소 · **그린이** 유정연, 이종혁
등록 1990년 12월 20일 · **번호** 2-1108
우편 번호 03147
주소 서울시 종로구 삼일대로 457, 406호
전화 02)3675-5222 · **팩스** 02)765-5222

ⓒ 2011 · 2022, (주)효리원

잘못 만들어진 책은 구입하신 서점에서 바꾸어 드립니다.
ISBN 978-89-281-0719-3   74810

이메일 hyoreewon@hyoreewon.com
홈페이지 www.hyoreewon.com

우리몸연구소 글 유정연 외 그림

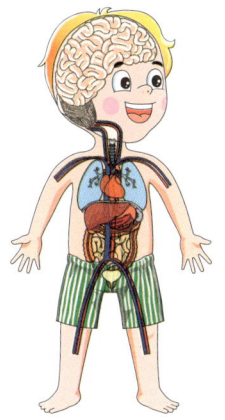

머리말

　우리가 살아가는 데는 돈도 필요하고 명예도 소중하지요. 하지만 돈이 아무리 많아도, 명예가 아무리 높아도 아파서 아무것도 할 수 없거나 죽게 된다면, 그것들은 더 이상 중요하지 않게 된답니다.

　건강할 때 건강을 지켜야 진짜 하고 싶은 일들을 맘껏 하며 신나게 살 수 있지요.

　그럼 우리 몸을 건강하게 하기 위해 가장 먼저 해야 할 일은 무엇일까요? 바로 우리 몸에 대해 잘 아는 거랍니다.

　알면 알수록 신기한 게 우리 몸이에요. 2미터도 안 되는 우리 몸은 뼈가 206개나 돼요. 또 몸속의 핏줄을 한 줄로 길게 이으면 지구를 두 바퀴 반이나 휘감을 수 있답니다.

이 책에는 우리 몸에 대한 지식만을 싣지는 않았어요. 청각 장애인들은 왜 말을 할 수 없는지, 시각 장애인들은 어떻게 책을 읽는지 등 우리가 함께 돕고 나누며 살아가야 할 사람살이에 대해서도 살펴보았답니다.

 물론 배꼽은 왜 있는지, 방귀에서는 왜 나쁜 냄새가 나는지 등등 어린이 여러분이 궁금해하는 것들도 다루었지요.

 우리 몸에 대해 잘 알고 나면 행복하게 사는 비결을 한 가지 더 알게 될 거예요.

 참, 몸을 건강하게 하는 것만큼 마음을 건강하게 하는 것도 중요하답니다. 이 책을 통해 몸과 마음이 모두 건강한 진짜 행복한 어린이가 되길 바랍니다.

알쏭달쏭 우리 몸

머리도 노력하면 좋아지나요? 18
머리카락 색깔이나 모양은 왜 인종마다 다른가요? 20
나이가 들면 왜 머리카락이 하얘지나요? 22
머리를 부딪히면 왜 혹이 날까요? 24
비듬은 왜 생기나요? 26
대머리는 왜 생길까요? 28
죽은 후에도 머리카락이나 손톱이 자라나요? 30
눈은 왜 두 개일까요? 32
책을 가까이 읽으면 왜 눈이 나빠질까요? 34
눈은 왜 깜빡거릴까요? 36
눈물은 왜 날까요? 38
하품을 하면 왜 눈물이 날까요? 40
눈썹은 왜 필요할까요? 42
왜 시각 장애인이 되나요? 44

시각 장애인들은 어떻게 책을 읽나요? ······ 46
귀는 왜 두 개일까요? ······ 48
멀미는 왜 하나요? ······ 50
높은 곳에 올라가면 왜 귀가 먹먹할까요? ······ 52
귀지를 파내지 않으면 어떻게 될까요? ······ 54
청각 장애인은 왜 말을 할 수 없나요? ······ 56
코가 막히면 왜 맛을 못 느끼나요? ······ 58
코는 왜 골까요? ······ 60
왜 콧물이 날까요? ······ 62
코딱지는 왜 생길까요? ······ 64
코피는 왜 날까요? ······ 66
입술은 왜 빨갈까요? ······ 68
추울 때는 왜 하얀 입김이 날까요? ······ 70
침은 무슨 일을 할까요? ······ 72

놀라운 **우리 몸**

혀는 무슨 일을 하나요? — 76

혀는 어떻게 맛을 알아내나요? — 78

덧니는 왜 생기나요? — 80

충치는 왜 생길까요? — 82

재채기는 왜 나올까요? — 84

하품은 왜 할까요? — 86

손톱은 왜 필요할까요? — 88

발은 왜 저릴까요? — 90

오른손잡이와 왼손잡이는 왜 생길까요? — 92

심장은 왜 뛸까요? — 94

빨리 뛰면 왜 숨이 찰까요? — 96

맹장을 잘라 내도 살 수 있나요? — 98

사람은 왜 먹어야 하나요? — 100

배는 왜 고파질까요? — 102

위를 잘라 내도 살 수 있나요? ——— 104
위는 왜 꼬르륵 소리를 낼까요? ——— 106
왜 토할까요? ——— 108
트림은 왜 나오나요? ——— 110
숨을 쉬지 않고 얼마나 살 수 있을까요? ——— 112
딸꾹질은 왜 하나요? ——— 114
오줌과 똥은 어떻게 만들어지나요? ——— 116
오줌을 누고 나면 왜 몸이 떨릴까요? ——— 118
방귀는 왜 나오나요? ——— 120
방귀에서는 왜 나쁜 냄새가 날까요? ——— 122
피는 어디에서 만들어지나요? ——— 124
피는 빨간색인데 핏줄은 왜 파란색인가요? ——— 126
얼굴은 왜 빨개지거나 하얘질까요? ——— 128
혈액형을 바꿀 수도 있나요? ——— 130

신비한 **우리 몸**

상처가 났을 때 피는 어떻게 멈추나요? ········ 134
부러진 뼈는 어떻게 다시 붙을까요? ········· 136
관절을 꺾으면 왜 소리가 날까요? ·········· 138
사람은 몇 살까지 키가 클까요? ············ 140
우리 몸은 어떻게 움직이나요? ············· 142
웃는 것이 왜 몸에 좋을까요? ·············· 144
쥐는 왜 날까요? ······················· 146
피부색은 왜 인종마다 다른가요? ··········· 148
왜 햇볕에 피부가 탈까요? ················ 150
지문은 왜 있나요? ····················· 152
땀은 왜 흘릴까요? ····················· 154
때는 왜 생길까요? ····················· 156
멍은 왜 생길까요? ····················· 158
늙으면 왜 주름살이 생길까요? ············ 160
목욕을 오래 하면 왜 피부가 쪼글쪼글해질까요? 162

소름은 왜 돋을까요? ... 164

여드름은 왜 생기나요? ... 166

점과 주근깨는 왜 생길까요? ... 168

모기에 물리면 왜 가려운가요? ... 170

물집은 왜 생길까요? ... 172

여자는 왜 수염이 나지 않을까요? ... 174

여자는 왜 남자보다 추위에 더 강한가요? ... 176

남자는 왜 여자보다 목소리가 굵은가요? ... 178

아기는 어떻게 엄마 배 속에서 숨을 쉴까요? ... 180

배꼽은 왜 있을까요? ... 182

탄산음료를 마시면 왜 살이 찌나요? ... 184

자기 자신을 간질이면 왜 간지럽지 않을까요? ... 186

영양실조에 걸렸는데 왜 배가 불룩한가요? ... 188

아프면 왜 열이 날까요? ... 190

밥을 먹으면 왜 졸릴까요? ... 192

사람은 먹지 않고 얼마나 살 수 있나요? ... 194

부록 응급 처치 상식 ... 196

우리 몸을 지탱하는 단단한 뼈

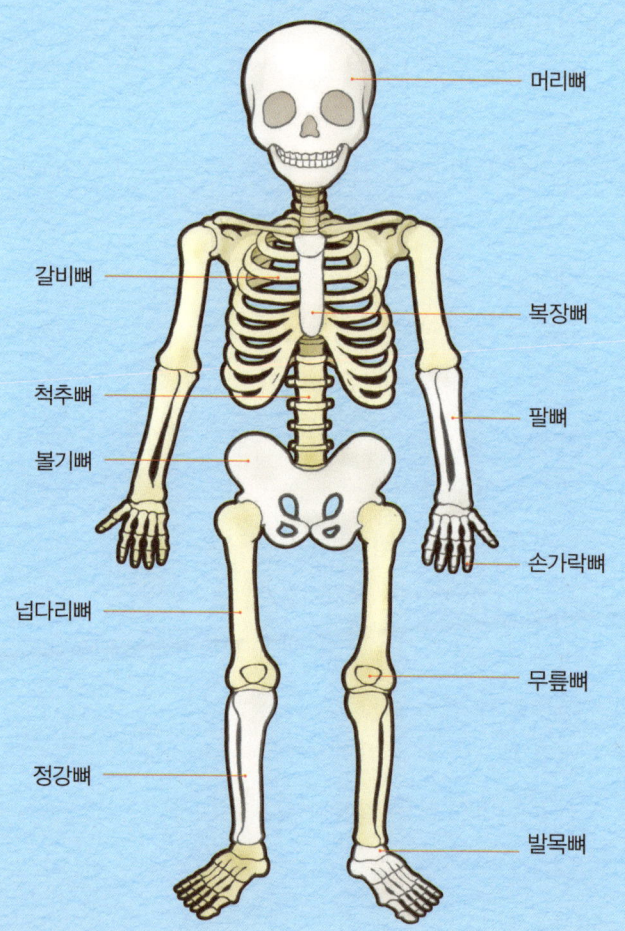

우리 몸 안의 여러 가지 기관

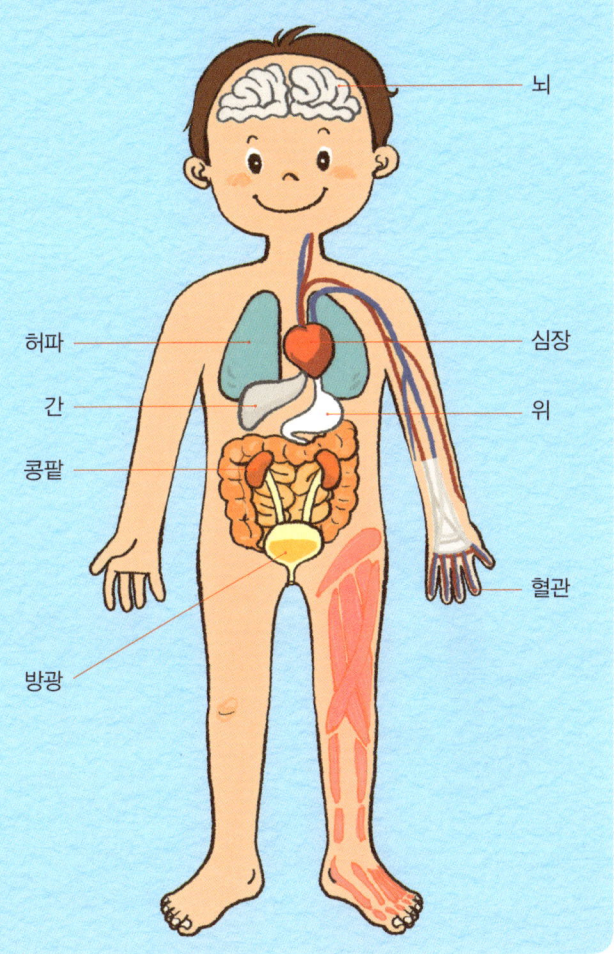

알쏭달쏭

우리 몸

- 코는 왜 골까요?
- 왜 콧물이 날까요?
- 코피는 왜 날까요?
- 코딱지는 왜 생길까요?

알쏭달쏭한 우리 몸으로 출발~!

머리도 노력하면 좋아지나요?

지능은 사람마다 달라요. 노력에 따라 더 좋아질 수도 있고, 타고난 그대로 있을 수도 있어요.

뇌는 주름이 많을수록 좋아요. 또 뇌 속의 신경 세포가 서로 많이 연결되어 있을수록 좋은 머리예요.

그럼 어떻게 해야 머리가 좋아질까요? 책을 많이 읽거나 생각을 많이 하면 돼요. 그러면 뇌의 신경 세포가 서로 얽히면서 연결이 많아져 머리가 좋아져요. 또 등푸른 생선, 우유, 두부와 같은 영양이 풍부한 음식을 먹어야 해요. 적당한 운동과 충분한 수면을 취하는 것도 머리가 좋아지는 데 꼭 필요한 요소랍니다.

머리카락 색깔이나 모양은 왜 인종마다 다른가요?

동양인의 머리카락은 가늘고 곧은 검은색인데, 아프리카인의 머리카락은 짧고 꼬불꼬불한 검은색이지요. 유럽인의 머리카락은 부드럽게 구불거리는 갈색이나 금색이고요.

이렇게 머리카락 색깔이 서로 다른 것은 멜라닌이라는 갈색 색소 때문이에요. 멜라닌이 많으

멜라닌

멜라닌이 많으면 검은색 머리카락!

면 검은색, 조금 있으면 갈색, 거의 없으면 금색 머리카락이 된답니다.

머리카락은 모낭이라는 주머니에서 나오는데, 주머니 모양과 크기에 따라 머리카락의 모양이 달라져요. 모낭이 동그라면 생머리가 나오고, 모낭이 납작하면 꼬불꼬불한 곱슬머리가 나오지요. 또 모낭이 크면 굵은 머리카락이 나오고, 모낭이 작으면 가는 머리카락이 나온답니다.

나이가 들면 왜 머리카락이 하얘지나요?

머리카락은 추위와 더위로부터 머리를 보호하는 일을 해요. 또 외부의 충격으로부터 머리를 보호하는 일도 하지요. 그러고 보니 머리카락도 우리 몸에서 없어서는 안 되는 중요한 일부분이

네요.

 이렇게 소중한 머리카락이 나이가 들면 왜 하얗게 변할까요? 그것은 멜라닌이라는 갈색 색소 때문이에요. 검은색 머리카락은 멜라닌 색소가 많은 것이고, 갈색이나 노란색 머리카락은 멜라닌 색소가 적은 거예요. 나이가 들면 우리 몸에서 멜라닌 색소가 잘 만들어지지 않아요. 그래서 머리카락이 하얘지는 거랍니다.

 참, 젊은이 중에도 질병이나 스트레스 때문에 머리카락이 하얘지는 경우가 있어요.

머리를 부딪히면 왜 혹이 날까요?

머리를 무엇엔가 쾅! 세게 부딪히면 피부 아래에 있는 핏줄이 터져요. 그러면 핏속의 혈장이 흘러나와 머리뼈 위에 고이면서 살갗이 부풀어 올라요. 바로 혹이에요.

흔히 혹이 생기면 얼음찜질을 하지요. 그렇게 하면 핏줄이 수축해서 피도 덜 나오고, 혹도 더 이상 커지지 않거든요. 하지만 혹이 생긴 원인을 정확히 모르는 상태에서 얼음찜질만 하는 것은

> 혈장 : 피는 혈장이라는 액체 속에 적혈구, 백혈구, 혈소판이라는 세포가 떠 있는 거예요. 따라서 적혈구, 백혈구, 혈소판을 뺀 액체가 바로 혈장이에요.

좋지 않아요. 먼저 병원에 가서 의사 선생님과 상의해 보는 것이 더 좋아요.

비듬은 왜 생기나요?

 피부 세포는 자기의 수명을 다하면 몸에서 떨어져 나와요. 대신 그 자리에는 새로운 피부 세포가 만들어져 늘 건강한 피부를 유지하지요.

 우리 몸의 다른 부분들처럼 머리에서도 늙은 세포가 떨어져 나와요. 바로 비듬이에요.

 비듬은 두피에서 나온 피부 세포와 기름기, 먼지 따위가 뭉쳐진 거예요. 머리카락이 검다 보니 하얀 비듬은 눈에 잘 띈답니다.

> 비듬을 없애려면 머리를 감을 때 샴푸나 린스와 같은 화학 성분이 두피에 남아 있지 않도록 깨끗이 헹궈야 해요. 또 비타민 B가 많은 우유나 달걀 등을 먹는 것도 좋답니다.

대머리는 왜 생길까요?

사람의 머리카락은 약 10만 올 정도 돼요.

머리카락은 한 달에 약 1~1.5센티미터 정도씩 자라는데, 겨울보다 여름에 더 잘 자라요.

머리카락 한 올의 수명은 여자는 6~7년, 남자는 3~5년 정도예요.

사람은 보통 머리카락이 하루에 50~100올쯤

빠져요. 대신 그 자리에 새 머리카락이 나와요. 그런데 머리카락이 빠지기만 하고 새로 나지 않으면 대머리가 돼요.

정확하게는 안드로젠이라는 남성 호르몬이, 머리카락이 나오는 구멍을 막아 머리카락이 자랄 수 없게 되어 대머리가 되는 거예요.

대머리는 유전인 경우가 많아요. 하지만 화상, 심한 스트레스, 몸이 허약해졌을 때에도 생길 수 있답니다.

죽은 후에도 머리카락이나 손톱이 자라나요?

사람이 죽었을 때 세포는 곧바로 활동을 멈추지 않아요. 그래서 하루 정도는 머리카락, 손톱, 발톱이 자라요. 하지만 사람의 눈으로 구별할 수 있을 정도는 아니에요.

모든 세포가 활동을 멈추면 머리카락, 손톱, 발톱은 더 이상 자라지 않아요. 다만 죽은 사람의 피부가 쪼그라들면서 손톱이나 발톱이 많이 드러나기 때문에 계속 자란 것처럼 느껴질 뿐이랍니다.

> 머리카락을 계속 자르지 않으면 1.5미터까지도 자랄 수 있어요. 손톱은 일 년에 4센티미터 정도 자라는데, 발톱보다 두세 배나 더 빨리 자란답니다.

눈은 왜 두 개일까요?

팔을 쭉 뻗은 다음 먼저 오른쪽 눈을 감고 주먹을 보세요. 다음에는 왼쪽 눈을 감고 주먹을 보세요. 주먹의 위치가 다르게 보이지요?

이처럼 눈이 한 개뿐이면 물체까지의 거리를 정확하게 잴 수 없어요.

만약 한 개의 눈으로 술래잡기를 한다면 재미없을 거예요. 가까이 있는 것 같아 쫓아가 보면 실제로는 더 멀리 있으니, 술래가 아무리 쫓아다녀도 소용없을 테니까요.

책을 가까이 읽으면 왜 눈이 나빠질까요?

눈은 멀리 있는 물체를 볼 때보다 가까이 있는 물체를 볼 때 훨씬 더 피로해요. 가까이 있는 물체를 볼 때 수정체를 볼록하게 만드는데, 이때 근육을 많이 수축시키거든요. 그래서 책을 가까이 읽으면 눈의 근육이 아주 피로해져요.

또 어두운 곳에서 책을 읽으면 눈 근육이 글씨를 읽기 위해서 빛을 모으려고 수축을 해요. 그러면 눈이 피로해져서 시력이 나빠진답니다.

> 건강한 눈을 위해서는 자주 깜빡거리거나 30분에 한 번씩 먼 곳을 보는 게 좋아요. 이때 초록색을 바라보면 눈의 피로를 덜어 줘요. 눈 주위를 꾹꾹 눌러 주는 것도 좋아요.

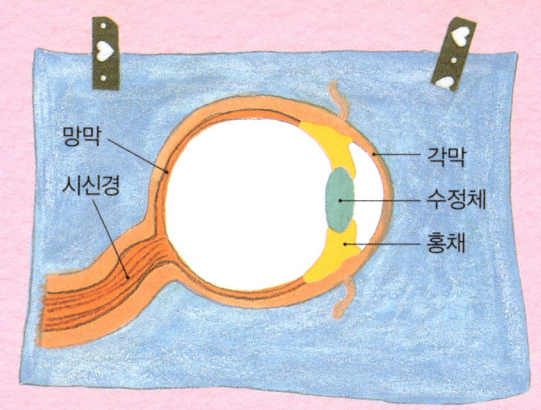

눈은 왜 깜빡거릴까요?

눈을 깜빡거리는 것은 눈을 보호하기 위해서 예요. 눈을 깜빡거리면 눈물이 눈 전체에 골고루 퍼져 아주 작은 먼지나 세균들을 잘 씻어 낼 수 있어요. 또 눈의 표면을 촉촉하게 해 주어 눈을 보호할 수도 있지요.

사람은 1분에 6~15번, 하루에 1만 번 이상 눈을 깜빡거려요. 마음이 불안하거나 피곤하면 더 깜빡거리지요. 반대로 책을 읽거나 컴퓨터 모니터를 볼 때는 적게 깜빡거려요.

오랫동안 눈을 깜빡거리지 않으면 빨갛게 충혈되고 따가워요. 눈을 적당히 깜빡거려야 증세를 막을 수 있답니다.

눈물은 왜 날까요?

눈물은 눈꺼풀 밑에 있는 눈물샘에서 만들어져요. 눈물은 슬프거나 기쁠 때도 나지만, 눈에 먼지 같은 것이 들어가도 저절로 흘러나와요. 눈에 들어간 먼지를 씻어내 주는 거예요.

눈물은 눈에 영양과 산소를 공급해 눈을 튼튼하게 해 줘요. 또 눈물에는 세균을 없애 주는 성

분이 있어서 눈을 질병으로부터 보호해 주기도 해요.

눈물은 아주 깨끗한 물이에요. 하지만 눈물 속에 나트륨이 들어 있기 때문에 짠맛이 나요.

아, 우리가 눈물을 흘릴 때 콧물도 나지요? 그것은 눈과 코가 서로 연결되어 있어서 눈물이 콧속으로 흘러내려서 그런 거예요.

하품을 하면 왜 눈물이 날까요?

우리 눈의 위쪽 눈꺼풀에는 눈물을 만드는 눈물샘이 있어요. 또 눈꺼풀 안에는 '누낭'이라는 눈물주머니가 있고요. 눈물샘에서 나온 눈물은 눈을 씻어 낸 후 눈물주머니에 모여 있다가 콧구멍으로 흘러 나가곤 해요.

하품을 하면 얼굴 근육이 움직이면서 눈물주머니를 눌러요. 그러면 눈물주머니에 고여 있던 눈물이 흘러나오게 돼요.

많이 웃어도 눈물이 나는데, 그때도 얼굴 근육이 눈물주머니를 눌러서 그렇답니다.

하품을 연달아 하면 모여 있던 눈물주머니의 눈물이 다 없어져 버려 눈물이 나지 않아요.

눈썹은 왜 필요할까요?

눈썹은 이마에서 흐르는 땀이 눈 속으로 들어가지 못하도록 막아 주어요. 또 햇빛을 막아 주기도 하지요. 길이는 0.7~1센티미터밖에 안 되지만 강한 햇빛이 비칠 때 얼굴을 찌푸리면 눈썹이 뻗치면서 햇빛을 막아 준답니다. 그리고 충격을 흡수해서 눈을 보호하기도 해요.

어때요, 눈썹 역시 소중한 우리 몸의 일부란 걸 알 수 있지요?

> 양쪽 눈에는 200개 정도의 속눈썹이 있는데, 석 달 정도 지나면 빠지고 새 속눈썹이 나요. 속눈썹은 먼지나 세균이 눈 속으로 들어가지 못하도록 막아 주는 일을 해요.

왜 시각 장애인이 되나요?

처음부터 시각 장애인으로 태어나는 사람도 있어요. 엄마 배 속에 있을 때 눈에 병이 생겼거나, 시신경이 제대로 자라지 못했기 때문이지요. 하지만 살면서 각막이 찢어지거나, 머리에 심한 충격을 받아서 시각 장애인이 되기도 해요.

참, 충치를 치료하지 않고 그냥 놔두었다가 시신경이 파괴되어 시각 장애인이 된 경우도 있대요. 그러니 이를 열심히 닦아야겠지요?

> 시각 장애인도 각막을 이식받아서 시력을 얻을 수 있어요. 하지만 누군가 각막을 기증해야 가능한 일이지요. 죽은 다음에 자기 몸을 필요한 사람에게 나눠 주면 누군가를 살릴 수 있어요.

후천적으로 각막이 찢어져도 시각 장애인이 될 수 있어.

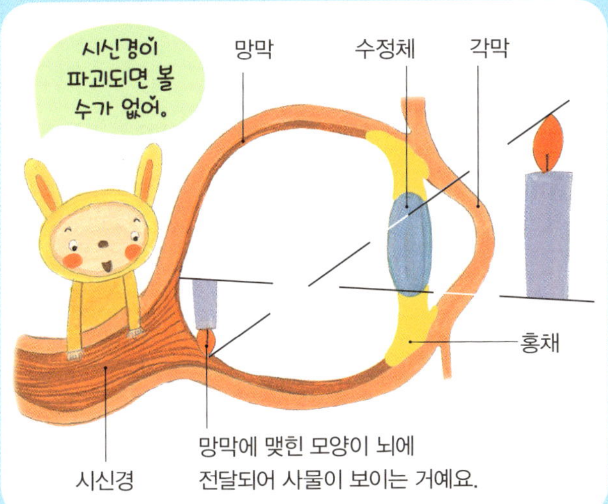

시신경이 파괴되면 볼 수가 없어.

망막   수정체   각막

홍채

망막에 맺힌 모양이 뇌에 전달되어 사물이 보이는 거예요.

시신경

시각 장애인들은 어떻게 책을 읽나요?

시각 장애인들은 손가락으로 책을 읽어요. 두꺼운 종이 위에 튀어나온 '점자'를 손끝으로 더듬어서 읽어 나가는 것이지요. 점자는 올록볼록한 점들을 일정하게 짜 모아 놓은 문자예요.

사람은 어느 감각을 못 쓰면 다른 감각이 발달해요. 그래서 시각 장애인들은 촉각이나 청각이 발달한답니다.

오디오 북

올록볼록~

귀는 왜 두 개일까요?

　오른쪽에서 나는 소리는 오른쪽 귀의 고막에 먼저 도착한 다음 왼쪽 귀의 고막에 도착해요. 차이는 아주 짧지만, 뇌는 시간 차이로 소리가 나는 곳을 알아낸답니다. 따라서 귀가 한 개밖에 없다면 어느 쪽에서 소리가 나는지 위치와 방향을 알기가 힘들겠지요? 하지만 우리는 귀가 두 개여서 소리를 정확하게 들을 수 있어요.
　오른쪽 귀와 왼쪽 귀는 잘 들을 수 있는 소리가 달라요. 오른쪽 귀는 말소리처럼 생활에 필요한 소리를 잘 듣는데, 왼쪽 귀는 음악 소리처럼 예술적인 소리를 더 잘 듣는답니다.

멀미는 왜 하나요?

 귓속에는 반쪽 고리처럼 생긴 반고리관이 세 개 있어요. 반고리관 속에는 액체와 작은 털이 있는데, 우리가 머리를 흔들면 이 액체와 털이 흔들리면서 신호를 뇌로 보내요. 뇌에서는 몸이 어떤 자세인지 알아내 똑바로 서게 하지요. 반고리관 덕분에 몸의 균형을 잡을 수 있는 거예요.

 멀미를 할 때는 반고리관이 뇌에 보내는 신호와 눈이 보내는 신호가 서로 달라요. 반고리관에서는 출렁이는 파도의 움직임을 신호로 보내는데, 눈이 그 움직임을 따라가지 못하면 뇌는 혼란스러워져요. 그러면 현기증이 나거나 속이 메스꺼워지는 멀미 증상이 나타난답니다.

높은 곳에 올라가면 왜 귀가 먹먹할까요?

  귓바퀴가 소리를 모아서 귓속에 있는 '고막'에 전해 주면 고막이 떨리면서 진동을 일으켜요. 진동이 달팽이관으로 전해지고, 달팽이관은 뇌로 소리를 전달해요. 뇌가 무슨 소리인지 알아냄으로써 우리는 소리를 알아들을 수 있어요.

  높은 산에 올라가면 공기의 양이 적어져서 고막 안쪽의 공기 압력보다 고막 바깥쪽의 공기 압력이 약해져요. 고막 안쪽과 바깥쪽의 공기 압력이 다르면 고막이 한쪽으로 부풀어 진동을 일으키지 못해요. 그러면 소리를 전달할 수 없어 귀가 먹먹해져요. 이럴 때는 하품을 하거나 침을 꿀꺽 삼키면 도움이 된답니다.

귀지를 파내지 않으면 어떻게 될까요?

귀지는 귀에서 나오는 분비물에 먼지나 피부 각질 따위가 붙어서 만들어져요.

귀지는 귓속에 먼지가 못 들어오게 막아 주고, 귓속 피부도 보호해 줘요. 그러니 귀지를 억지로 파낼 필요는 없어요. 그냥 두면 작은 귀지들은 저절로 나온답니다.

하지만 큰 귀지가 귀를 막아서 소리가 잘 안 들릴 때에는 이비인후과에 가서 빼내도록 해요. 집에서 면봉이나 귀이개로 무리하게 파내다 고막을 다치면 큰 일이니 절대로 해서는 안 돼요.

청각 장애인은 왜 말을 할 수 없나요?

아기는 울음으로 자신의 생각을 표현해요. 그러나 점점 자라면서 주위 사람들이 하는 말을 듣고 따라 하면서 말을 배우기 시작해요.

하지만 청각 장애인은 다른 사람의 말을 듣지 못하기 때문에 말을 배울 수가 없어요. 다만, 말하는 법을 훈련받으면 어느 정도는 말을 할 수 있어요. 하지만 무척 어려운 일이에요. 자기 목소리를 듣지 못하면 정확한 발음으로 말을 하기가 어렵거든요. 그래서 청각 장애인은 사람들의 입 모양을 보고 무슨 말인지 아는 법을 배우기도 하고, 수어를 배워서 손동작으로 말을 하기도 한답니다.

코가 막히면 왜 맛을 못 느끼나요?

음식 맛을 느끼려면 코도 꼭 필요해요. 다양한 맛은 혀가 아니라 코가 냄새로 알아내거든요.

콧속에는 냄새를 맡는 작은 털이 5억 개나 있어요. 털은 작아서 눈에 보이지 않아요. 숨을 쉴 때 공기 중에 있는 냄새 알갱이들이 콧속으로 들어와 이 털에 붙으면, 털은 냄새 정보를 뇌로 보내고, 뇌는 그것이 어떤 냄새인지 판단해요.

그런데 코가 막히면 콧속으로 냄새 알갱이들이 잘 들어가지 못하기 때문에 맛을 느끼지 못하게 된답니다.

코는 왜 골까요?

콧구멍에서 목구멍 사이의 빈 공간을 '비강'이라고 해요. 이 비강이 좁아지거나 콧속이 막히면 입으로 숨을 쉬게 돼요. 이때 들이마신 공기가 입 안쪽을 진동시키면 시끄러운 소리가 나는데, 바로 코 고는 소리예요.

코는 여자보다 남자가 더 많이 골아요. 또 살찐 사람은 비강이 좁아질 수 있기 때문에 코를 더 많이 골기도 한답니다.

드르렁드르렁, 코를 심하게 골 때는 옆으로 눕거나 엎드려서 자면 골지 않아요.

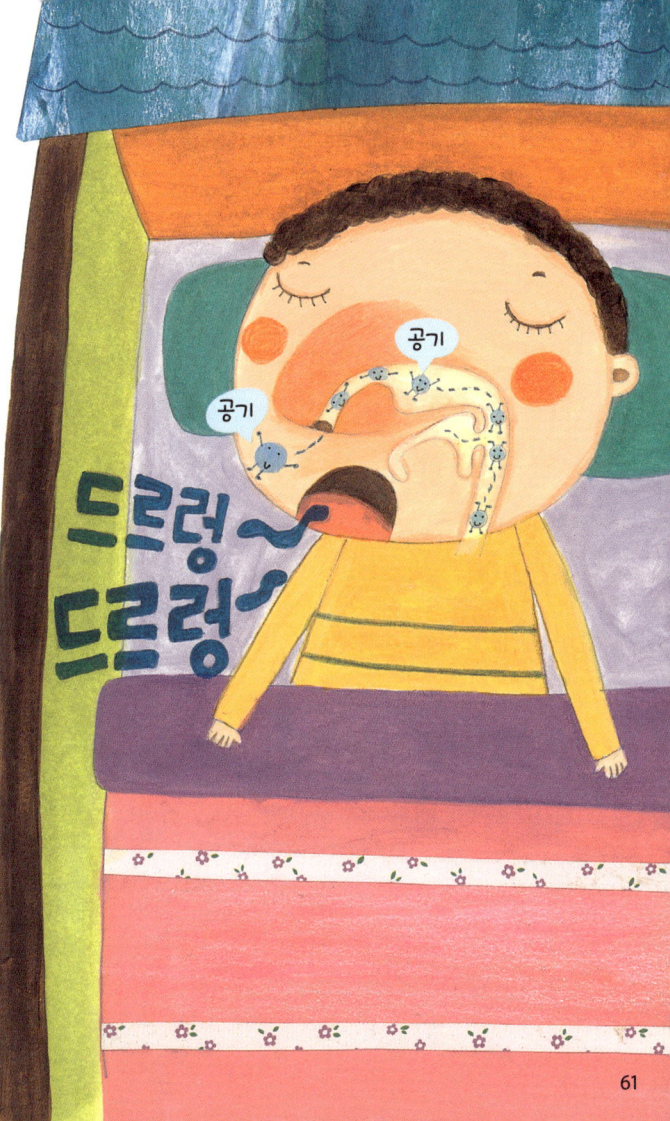

왜 콧물이 날까요?

코는 평소에 콧속이 마르지 않도록 액체를 계속 내보내고 있어요. 또 콧속에 먼지가 들어가면 더 많은 액체를 만들어서 그 먼지들을 코 밖으로 흘려보내곤 하지요. 콧속에서 만들어 내보내는 이 액체가 바로 콧물이에요.

콧물이 지저분하다고만 생각했는데 참 중요한 일을 하지요?

날씨가 추워지면 콧속으로 들어오는 차가운 공기를 따뜻하게 하려고 코에서 액체를 많이 만들어 내요. 이 액체가 코 밖으로 흘러나오는 것이 바로 콧물이에요.

코딱지는 왜 생길까요?

 콧속에는 끈적끈적한 점액이 있어요. 이 끈적한 점액에 제 수명을 다한 콧속의 피부와 숨을 쉴 때 들어온 먼지가 달라붙어 뭉쳐진 것이 바로 코딱지예요.
 코딱지가 먼지와 세균 덩어리이기는 하지만, 밖에서 들어오는 이물질을 걸러 주는 역할도 하니까 나쁘기만 한 것은 아니에요.
 코딱지가 많이 생겨서 불편할 때에는 세게 후비지 말고 코에 수증기를 쐬어 보세요. 코딱지가 촉촉해졌을 때 코를 살짝 풀면 쏙 빠져나와요.

코피는 왜 날까요?

콧속에는 '모세 혈관'이라는 아주 가는 핏줄이 퍼져 있어요. 모세 혈관은 무척 예민해서 코를 세게 풀거나 코에 충격을 주면 터져요. 또 너무 피곤하거나, 감기에 걸려서 코를 자주 풀다 보면 콧속이 약해져서 터지기도 해요.

코피를 멈추게 하려면 코를 솜으로 막고 콧등을 잠깐 꽉 쥐고 있으면 돼요. 얼음이나 찬물로 코를 차게 해 주는 것도 좋아요. 머리를 뒤로 젖

코피는 여름에 자주 나요. 기온이 올라가면 핏줄이 부어서 핏줄이 약해져요. 그러면 작은 충격에도 쉽게 터져요.

히면, 피가 허파 속으로 들어갈 수도 있으니 고개는 앞으로 숙이는 것이 좋답니다.

입술은 왜 빨갈까요?

입술 피부는 얇아서 피부 아래에 모여 있는 모세 혈관이 다 비쳐 보여요. 그래서 입술은 빨갛게 보이는 거예요.

그렇다고 해서 입술이 늘 빨간 건 아니에요. 혈액 속에는 헤모글로빈이라는 색소가 있는데 이 색소가 산소와 만나면 밝은 선홍색이 되지만, 산소를 잃어버리면 검붉은색으로 변해요. 이럴 때는 입술이 파랗게 보여요.

우리 몸은 추위를 느끼면 열을 빼앗기지 않으려고 피부에 있는 혈관을 수축시켜요. 그러면 피가 혈관 속을 천천히 지나가게 돼 산소의 공급이 느려져 입술이 파랗게 보인답니다.

추울 때는 왜 하얀 입김이 날까요?

 우리 몸에는 물이 많기 때문에 우리가 내쉬는 숨에도 수증기가 많아요. 우리 몸은 항상 36.5도를 유지하고 있으므로, 겨울날 우리 몸에서 나온 수증기는 주위의 공기보다 따뜻해요.
 그런데 이 따뜻한 수증기가 찬 공기를 만나면 작은 물방울 모양으로 바뀌어요. 그래서 우리가 숨을 내쉴 때 하얀 입김을 볼 수 있는 거예요.
 이 물방울들은 아주 작기 때문에 공기 중에 떠 있을 수도 있답니다. 날이 추워지면 왜 하얀 입김이 나오는지 이제 알겠지요?

침은 무슨 일을 할까요?

침은 하는 일도 없이 지저분하기만 한 것 같지만, 음식물을 적셔 소화시키고 음식 맛을 잘 느끼도록 하는 데 꼭 필요해요. 식도로 음식물이 잘 내려가게 하고, 목소리가 부드럽게 나오도록 도와주는 것도 침이지요. 또 침은 입안의 세균을 죽이기도 해요.

그런데 아기들은 왜 자꾸 침을 흘릴까요? 그것은 침을 삼킬 만한 힘이 아직 없기 때문이에요. 또 침을 삼킬 것인지 뱉을 것인지 판단하는 능력도 약하기 때문에 침을 흘리는 것이랍니다.

놀라운

우리 몸

- 딸꾹질은 왜 하나요?
- 오줌과 똥은 어떻게 만들어지나요?
- 방귀에서는 왜 나쁜 냄새가 날까요?
- 오줌을 누고 나면 왜 몸이 떨릴까요?

놀라운 우리 몸으로 출발~!

혀는 무슨 일을 하나요?

첫째, 혀는 맛을 보는 일을 해요. 혓바닥에는 맛을 느끼는 돌기가 많이 나 있어요. 이 돌기가 알아낸 맛에 대한 정보를 뇌에 보내 주면 뇌가 무슨 맛인지 판단을 해요.

둘째, 혀는 입안의 음식물을 이리저리 보내 주어 이가 골고루 잘 씹을 수 있도록 도와줘요. 음식물과 침이 잘 섞이게 해 줄 뿐만 아니라 음식물을 식도로 넘겨 주기도 해요.

셋째, 혀는 입술과 힘을 합쳐 말을 하거나 노래를 부르도록 도와줘요.

넷째, 몸의 건강 상태를 알려 줘요. 건강한 사람의 혀는 붉은색을 띠어요.

혀는 어떻게 맛을 알아내나요?

혀는 입안에 있는 길쭉한 모양의 근육이에요. 표면은 점막으로 덮여 있고, 전체를 혀뿌리, 혀몸통, 혀끝의 세 부분으로 나누어요.

입안에서 움직이는 혀는 전체 혀의 3분의 2 정도 부분이에요. 이 부분은 4개의 영역인 혀끝, 혀모서리, 혓등, 혀 아래로 구분되어요.

혀를 자세히 살펴보면 아주 작지만 오돌토돌 튀어나온 수많은 돌기가 있어요. 이 돌기에는 '미뢰'라는 맛봉오리가 있는데, 바로 이곳에서 맛을 느끼는 거예요. 맛봉오리는 혀의 모든 지점에서 모든 맛을 감지할 수 있어요.

덧니는 왜 생기나요?

사람은 보통 태어나 6개월 정도 지나면 이가 나기 시작해요. 이때 나오는 이를 '젖니'라고 해요. '젖먹이일 때 나는 이'라는 뜻이에요. 젖니는 6~12세 사이에 하나씩 빠지면서 새 이가 나오기 시작해요. 이렇게 나는 이를 영구치라고 해요.

그런데 젖니가 제때에 안 빠지면 잇몸에 이미 생겨난 영구치가 밀고 나와서 젖니와 함께 자리를 잡게 돼요. 이것을 덧니라고 해요. 또 먼저 난

> 영구치는 보통 32개예요. 영구치는 평생 쓰는 이라서 잘 관리해야 해요. 한번 빠지면 다시 나지 않거든요.

이와 이 사이에 새 이가 날 자리가 부족하면 늦게 난 이가 옆으로 밀려나 덧니가 된답니다.

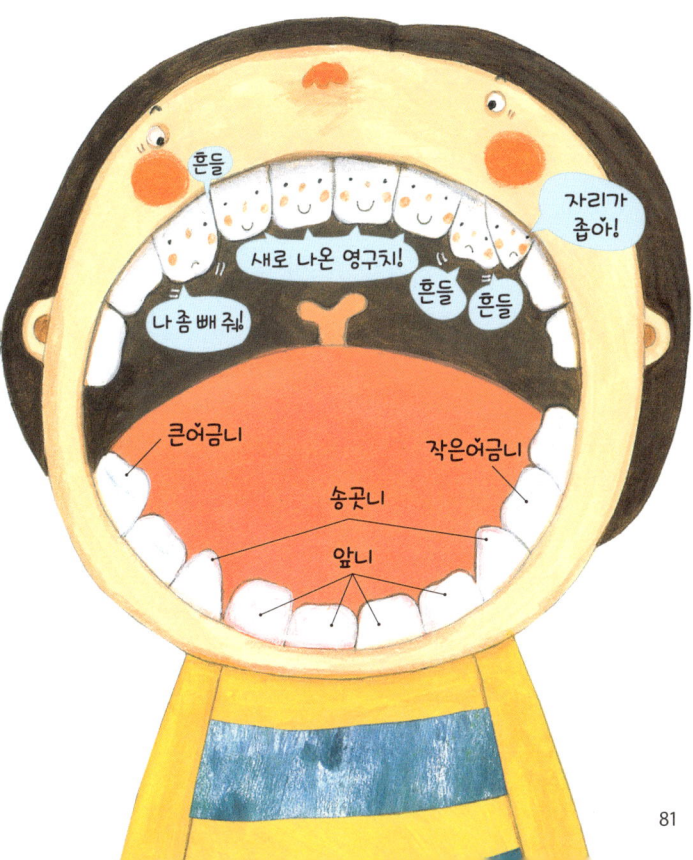

충치는 왜 생길까요?

 음식을 먹고 이를 잘 닦지 않으면 입안에 음식 찌꺼기가 남아 있어요. 입속에는 음식 찌꺼기를 먹고 사는 세균이 있는데, 이 세균들이 음식 찌꺼기 속의 당분을 산으로 바꿔 버려요. 그러면 산이 이의 표면을 덮고 있는 사기질을 녹여 구멍을 내고, 세균들은 구멍 속으로 점점 더 깊이 파고들어 가지요. 이렇게 된 이가 바로 충치예요.
 충치가 생기면 무척 아파요. 세균이 혈관과 신경을 건드리기 때문이에요.
 음식을 먹고 난 뒤, 이를 바로바로 잘 닦으면 세균이 살 수 없기 때문에 충치가 생기는 것을 막을 수 있어요.

껌을 씹으면 이에 낀 음식 찌꺼기를 어느 정도 없애줄 수 있어요. 하지만 껌 속에 든 설탕 때문에 오히려 이를 더 잘 썩게 할 수도 있답니다.

재채기는 왜 나올까요?

먼지나 꽃가루가 콧속으로 들어와 코를 간질이면 우리 몸은 허파를 보호하기 위해 그것들을 다시 몸 밖으로 내보내려고 재채기를 해요.

보통 재채기를 하기 전에 숨을 여러 번 들이마시지요? 그것은 허파 속에 공기를 많이 넣어 두

기 위해서예요. 허파 속에 공기를 충분히 모은 다음 재채기를 해서, 코와 입으로 공기가 나갈 때 먼지도 함께 빠져나가게 하기 위한 것이지요.

하품은 왜 할까요?

 우리는 신선한 공기를 몸속으로 보내 주기 위해서 계속 숨을 쉬어요. 그런데 지하철이나 버스처럼 문이 닫힌 곳에 여러 사람이 모여 있으면 신선한 공기는 금방 줄어들어요. 그러면 우리 몸에 산소가 부족해지므로 뇌에서는 바로 산소를 공급하라는 신호를 보내어 하품을 하게 해요.

 하품은 피곤하거나 졸릴 때, 지루할 때도 나오는데 하품을 함으로써 산소를 허파에 깊숙이 보낼 수 있어요. 그렇게 신선한 공기가 들어오면 우리 몸은 다시 활력을 되찾게 된답니다.

여러 사람이 모여 있을 때 한 사람이 하품을 하면 다른 사람도 하품을 따라 하는 경우가 있어요. 하품이 전염된 걸까요? 아니에요. 하품은 전염되지 않아요. 다른 사람도 산소가 부족하기 때문에 저절로 하품을 하는 것뿐이에요.

손톱은 왜 필요할까요?

손톱과 발톱은 피부가 딱딱하게 변한 거예요. 아주 강해서 쉽게 부러지지 않지요.

손톱은 손가락 끝의 피부가 다치지 않도록 보호해 주고, 물건을 꽉 쥘 수 있도록 도와줘요. 발톱은 발가락 끝을 보호할 뿐만 아니라 오래 걸을 수 있도록 돕는답니다.

손톱은 하루에 약 0.1밀리미터, 발톱은 하루에 약 0.05밀리미터씩 자라요. 빠진 손톱이 완전히 다시 자라려면 6개월이나 걸린답니다.

손톱과 발톱은 어른이 되면 어릴 때보다 더 빨리 자라다가 노인이 되면 천천히 자라요.

손톱과 발톱은 뿌리 부분만 살아 있고 이미 나와 있는 부분은 죽었기 때문에 손톱깎이로 깎아도 아프지 않아요.

발은 왜 저릴까요?

무릎을 꿇고 오래 앉아 있으면 발이 점점 저려 오지요. 그것은 무릎 아래로 통하는 혈관이 눌리는 바람에 혈액 순환이 어려워져서 그래요.

우리 몸은 계속 산소가 필요해요. 그런데 혈관이 눌려서 피가 제대로 흐르지 못하면 근육에 산소가 모자라게 돼요. 그러면 신경들이 저린 느

낌을 뇌에 보내 산소가 필요하다고 알려 준답니다. 발이 저린 이유 이제 알았지요?

오른손잡이와 왼손잡이는 왜 생길까요?

사람의 뇌는 무척 발달해서 왼쪽 뇌와 오른쪽 뇌로 나뉘어 있어요. 오른손잡이와 왼손잡이는 어느 쪽 뇌가 더 발달했는지에 따라서 결정돼요. 왼쪽 뇌는 우리 몸의 오른쪽을, 오른쪽 뇌는 우리 몸의 왼쪽을 통제해요. 따라서 왼쪽 뇌가 발달하면 오른손잡이가 되고, 오른쪽 뇌가 발달하면 왼손잡이가 된답니다.

> 왼쪽 뇌는 주로 언어나 계산 능력을 담당하고, 오른쪽 뇌는 음악이나 그림처럼 창조적인 부분을 담당해요. 사람들은 보통 왼쪽 뇌가 더 발달해요. 그래서 오른손잡이가 더 많은 거예요. 하지만 훈련을 하면 양손을 다 쓸 수 있어요.

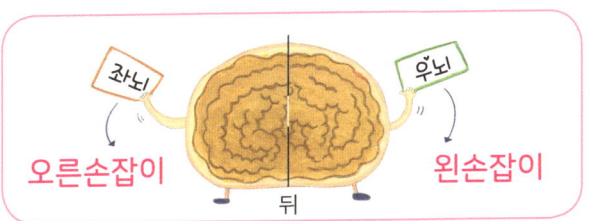

심장은 왜 뛸까요?

심장은 우리 몸 구석구석에 깨끗한 피를 보내 영양소와 산소를 공급해 주어요. 심장이 쿵쿵 뛰는 것은 온몸에 피를 보내기 위해서 열심히 수축하는 거예요.

심장은 건강한 어른의 경우 1분에 70번 정도 뛰어요. 어린이는 1분에 80~90번으로 어른보다 좀 더 빨리 뛰어요. 또 달리기를 하면 심장이 쿵쿵 빨리 뛰어요. 그것은 운동을 하면 근육에 에

너지가 더 필요하기 때문에 심장이 근육에 얼른
피를 보내기 위해서 더 빨리 뛰어서 그렇답니다.

빨리 뛰면 왜 숨이 찰까요?

빨리 뛰면 우리 몸에서는 이산화탄소가 많이 만들어지고, 산소는 부족하게 돼요. 그러면 우리 몸은 이산화탄소를 빨리 밖으로 내보내고, 산소를 많이 공급받기 위해서 숨을 빨리 쉬게 돼요.

산소는 피를 통해서 근육으로 공급되기 때문에, 심장은 평소보다 더 빨리 뛰어 피를 근육에 내보내요. 이렇게 심장이 근육에 피를 재빨리 보내느라 빨리 뛰면 헉헉 숨이 차게 돼요.

맹장을 잘라내도 살 수 있나요?

맹장은 남자나 여자 모두 배꼽 오른쪽 밑에 있어요. 크기가 5~6센티미터밖에 안 되지요.

맹장에는 생선 뼈나 손톱 같은 것이 들어 있기도 해요. 맹장에 이런 것이 끼면 상처가 나 아프기도 하고, 세균 때문에 염증이 생겨 아프기도 하지요.

맹장염에 걸리면 열이 나고 토하기도 하는데, 그러면 수술을 해서 맹장을 잘라 내요. 맹장이 면역 기능을 하기는 하지만, 잘라 내도 우리 몸의 면역 기능에는 별 이상이 생기지 않아요.

사람은 왜 먹어야 하나요?

 자동차나 비행기는 기름을 넣어 주어야 움직이지요? 사람은 먹지 않으면 살아 움직일 수 없어요. 우리가 음식으로 에너지를 공급해 주어야 힘이 나서 움직일 수 있답니다.

 또 영양소를 골고루 섭취해야 우리 몸이 잘 자라고 건강해져요. 여러 가지 음식을 골고루 잘 먹으면 병이 났을 때 빨리 회복되기도 한답니다.

 영양분이 풍부한 음식을 적당히 먹는 것이 우리 몸을 건강하게 지키는 지름길이에요.

배는 왜 고파질까요?

배가 고프다고 느끼는 것은 뇌가 우리 몸에 음식이 필요하다는 신호를 보내기 때문이에요. 뇌에는 배가 부르거나 배가 고픈 것을 알아차리고 신호를 보내는 부분이 있답니다.

우리가 어느 정도 음식을 먹으면 뇌의 만복 중추가 '이제 배가 불러.'라는 신호를 보내서 음식

을 그만 먹게 해요. 반대로 아무것도 먹지 않으면 뇌의 공복 중추가 '배가 고프다.'고 느끼게 해서 밥을 먹게 한답니다.

음식을 빨리 먹으면 살이 찌기 쉽다고 하지요? 뇌가 배부른 것을 느끼려면 30분 정도 걸리는데, 음식을 빨리 먹으면 뇌가 배부름을 느끼기 전에 음식을 많이 먹게 돼요. 그래서 음식을 빨리 먹으면 살이 찌기 쉽답니다.

위를 잘라 내도 살 수 있나요?

 위는 근육으로 된 튼튼한 주머니인데, 음식을 많이 먹으면 크게 늘어났다가, 하루 정도 굶으면 아주 작아지기도 해요.

 음식물이 들어오면 위는 위액과 음식물을 골고루 섞어서 죽처럼 만들어요. 또 산을 분비해서 음식이 썩지 않게 하지요. 그런데 위액이 제때 나오지 않거나 너무 많이 나오면 위벽이 헐어 위궤양이 되기도 해요.

 이렇게 위에 병이 생기면 위를 잘라 내기도 하는데, 그래도 생명에는 지장이 없어요. 하지만 위가 없으면 소화가 잘되는 음식만 먹어야 하고, 조금씩밖에 먹지 못하게 돼요.

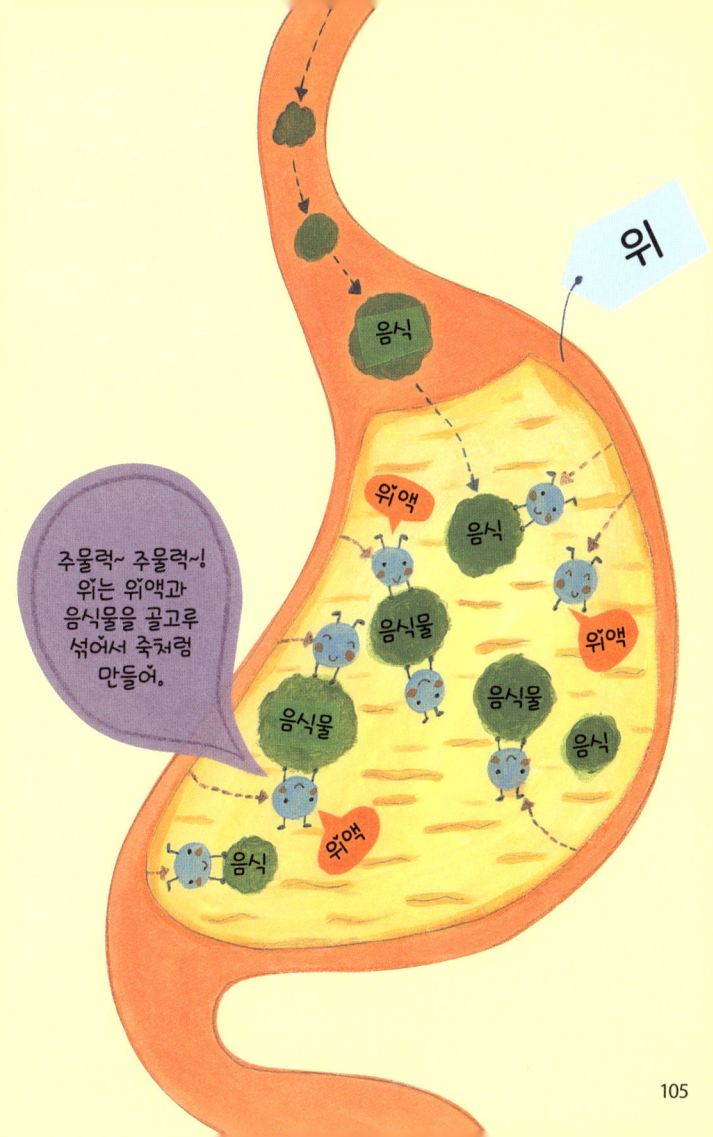

위는 왜 꼬르륵 소리를 낼까요?

우리가 음식을 먹지 않으면 위 속에는 공기만 차 있게 돼요. 건강한 위는 공기만 있어도 열심히 운동을 하는데, 이때 위 속의 공기가 작은창자로 내려가면서 꼬르륵 소리를 내요.

또 우리가 음식을 먹으면 위는 음식물을 죽처럼 만든 다음에 작은창자로 보내요. 그때 음식물만 내려가는 것이 아니라 물이나 공기도 함께 작은창자로 내려가요.

작은창자는 음식물이 잘 내려갈 수 있도록 규

칙적으로 운동을 해요. 이때 음식물과 물, 공기가 서로 뒤섞이면서 꼬르륵 소리가 난답니다.

배에서 꼬르륵 소리가 나더라도 부끄러워하지 마세요. 우리 몸이 건강하다는 증거니까요.

왜 토할까요?

위에는 문이 두 개 있어요. 위와 식도가 연결되는 부분에 '들문'이 있고요, 위의 아래쪽에는 위에서 소화된 음식물을 작은창자로 조금씩 보내는 '날문'이 있어요.

평소에는 들문이 닫혀서 음식물이 거꾸로 올라가지 못하도록 막아요. 하지만 음식을 너무 많이 먹거나, 몸에 해로운 음식을 먹으면, 우리 몸은 그것을 몸 밖으로 내보내려 해요. 그러면 위

가 수축하면서 위 속의 해로운 음식을 위 입구 쪽으로 올려 보내요. 그럼 들문이 열리고 날문이 닫히면서 음식을 입으로 토하게 된답니다.

트림은 왜 나오나요?

우리는 음식을 먹을 때 음식만 삼키는 것이 아니라 공기도 함께 삼키고 있어요.

그런데 공기를 너무 많이 삼키거나, 콜라나 사이다 같은 탄산음료를 마시면 위가 부풀어 올라요. 부풀어 오른 공기는 위의 윗부분에 모여 있다가 식도를 따라 올라와 입으로 나오게 돼요. 이것이 바로 트림이에요.

우리나라는 다른 사람 앞에서 트림을 하면 무례한 행동이라고 생각해요. 하지만 이슬람권 나라에서는 식사를 한 후 트림을 하면 아주 잘 먹었다는 인사로 받아들인답니다.

숨을 쉬지 않고 얼마나 살 수 있을까요?

숨을 쉬는 이유는 깨끗한 산소를 들이마시고 이산화탄소를 몸 밖으로 내보내기 위해서예요.

우리 몸의 세포들은 산소가 없으면 죽기 때문에 계속 숨을 쉬어서 산소를 보내 줘야 한답니다. 우리가 숨을 쉬지 않고 살 수 있는 것은 겨우 몇 분밖에 안 돼요. 아무리 잠수를 잘하는 사람이라도 3분 이상은 참기 어려워요.

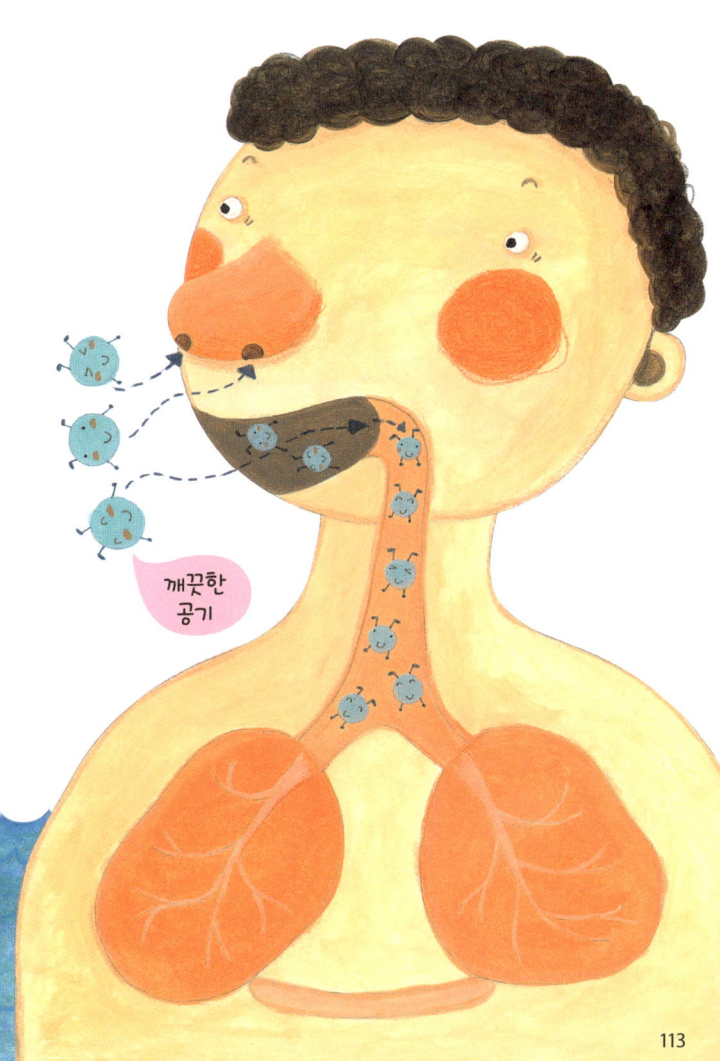

딸꾹질은 왜 하나요?

허파 아래에는 횡격막이라는 근육이 있어요. 횡격막은 우리가 숨을 들이마실 때 아래로 내려가요. 그러면 허파는 공기로 가득 차서 부풀어 오르게 돼요. 반대로 숨을 내쉴 때는 횡격막이 올라가고, 허파는 안에 있던 공기를 내보내면서 원래 크기로 되돌아간답니다.

음식을 너무 빨리 먹거나 웃음을 멈추지 못할 때 딸꾹질이 나요. 허파에 공기가 너무 많이 들어가 횡격막이 경련을 일으켜서 그래요.

횡격막이 제멋대로 허파에 바람을 넣었다 뺐다 하면 공기가 갑자기 목으로 올라와서 성대를 떨게 하여, '딸꾹' 하는 소리를 낸답니다.

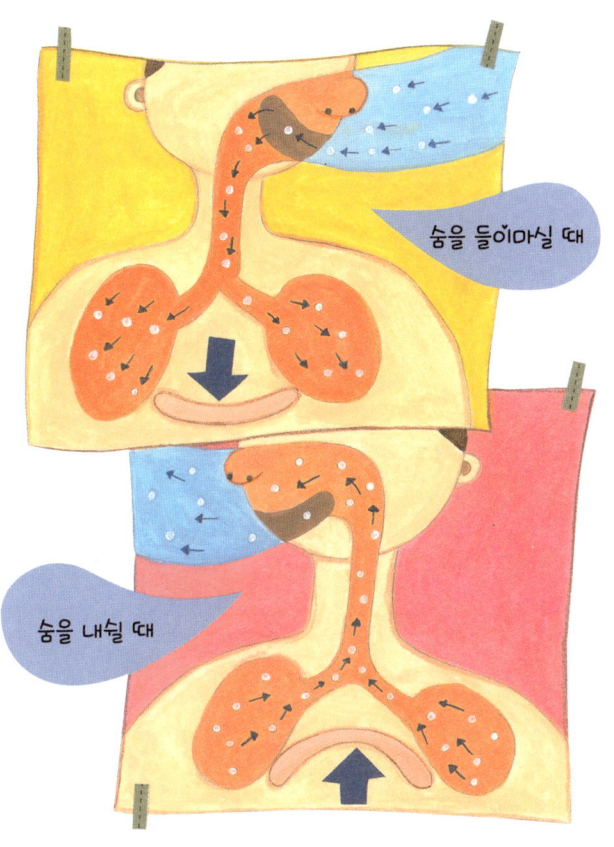

숨을 들이마실 때

숨을 내쉴 때

딸꾹질을 멈추게 하려면 물을 마시거나 심호흡을 하면 도움이 돼요. 또 깜짝 놀라게 하면 호흡 기관의 근육이 놀라서 횡격막이 다시 정상적으로 움직여 딸꾹질이 멈춰요.

오줌과 똥은 어떻게 만들어지나요?

척추 양쪽에는 콩처럼 생긴 콩팥이 두 개 있어요. 여기에서 핏속에 들어 있는 필요 없는 물질을 걸러 주는데, 거르고 남은 찌꺼기가 바로 오줌이에요. 오줌은 방광에 저장되어 있다가 요도를 통해 몸 밖으로 나와요.

그럼 똥은 어떻게 만들어질까요? 우리가 음식을 먹으면 위는 음식을 죽처럼 만들어 작은창자로 보내요. 작은창자는 필요한 영양소를 흡수하고 남은 찌꺼기를 큰창자로 보내요. 큰창자는 찌꺼기 속에서 수분만 흡수하고 남은 찌꺼기인 똥을 직장으로 보내요. 직장에 쌓여 있던 똥은 항문을 통해 몸 밖으로 나온답니다.

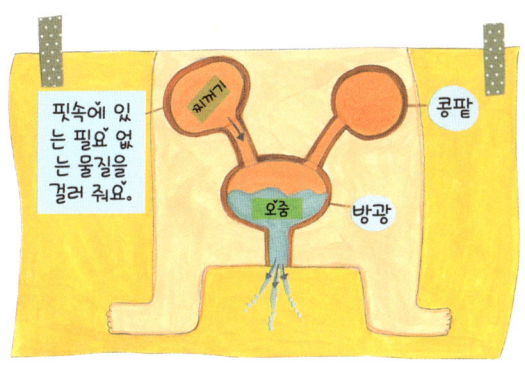

핏속에 있는 필요 없는 물질을 걸러 줘요.

찌꺼기

콩팥

오줌

방광

위
음식을 죽처럼 만들어요.

작은창자
필요한 영양소를 흡수해요.

큰창자
찌꺼기에서 수분만 흡수해요.

직장
똥이 쌓여 있어요.

오줌을 누고 나면 왜 몸이 떨릴까요?

방광에 오줌이 차면 방광은 뇌에 신호를 보내서 오줌이 마렵다는 생각을 하게 해요. 그러면 우리가 오줌을 누게 되는 거예요.

오줌을 눌 때 우리 몸의 따뜻한 기운도 오줌과 함께 몸 밖으로 빠져나와요. 그럼 순간적으로 몸의 온도가 떨어지기 때문에 우리 몸은 빠져나간 체온을 다시 보충하려고 애쓰게 돼요. 그래서 오

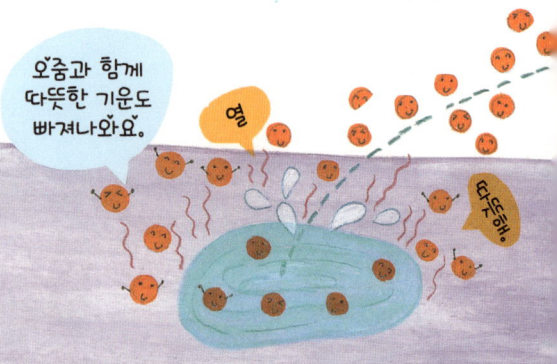

줌을 누고 나면 몸을 부르르 떠는 거예요. 근육을 움직이면 몸에서 열이 나거든요.

방귀는 왜 나오나요?

우리는 음식을 먹으면서 공기도 함께 삼켜요. 공기를 너무 많이 삼키면 음식 찌꺼기와 함께 큰창자로 가서 쌓이게 돼요. 또 큰창자에 사는 세균과 미생물들이 음식 찌꺼기를 분해할 때에도 가스가 발생해요. 방귀는 이런 가스들이 항문을 통해 빠져나오는 자연스러운 현상이에요.

방귀는 자신도 모르는 사이에 하루에 13~15번 정도 뀌어요. 특히 고구마나 보리밥

처럼 섬유소가 많은 음식을 먹으면 방귀를 더 많이 뀌게 돼요.

방귀를 뀔 때 '뽀옹' 소리가 나는 것은 가스가 나올 때 항문 주변의 살이 떨리기 때문에 그렇답니다.

방귀에서는 왜 나쁜 냄새가 날까요?

방귀는, 음식을 먹을 때 삼킨 공기가 음식을 분해할 때 생긴 가스보다 많으면 소리만 크지 냄새는 그리 지독하지 않아요. 하지만 음식을 분해

할 때 생긴 가스가 삼킨 공기보다 많을 때는 소리는 작아도 냄새는 아주 지독하답니다.

또 무엇을 먹었느냐에 따라 방귀 냄새가 달라지기도 해요. 방귀는 탄수화물이 많은 밥을 먹었을 때보다 고기처럼 단백질이 많은 음식을 먹었을 때 더 지독한 냄새가 난답니다.

피는 어디에서 만들어지나요?

피가 만들어지는 곳은 엄마 배 속에 있을 때와 태어난 후가 서로 달라요. 태아일 때에는 간, 지라, 편도샘, 가슴샘, 림프샘 등에서 만들어져요. 태어난 후에는 흉골, 척추, 늑골, 골반뼈 속의 골수에서 만들어져요.

보통 어른의 몸에는 5리터 정도의 피가 흐르고 있어요. 평생 우리 몸에서 만들어지는 피는 500킬로그램이나 된답니다.

> 피는 혈장, 적혈구, 백혈구, 혈소판으로 이루어져 있어요. 혈장은 영양소를, 적혈구는 산소를 온몸으로 전해요. 백혈구는 병균을 죽이고, 혈소판은 상처를 아물게 해 줘요.

피는 빨간색인데 핏줄은 왜 파란색인가요?

핏줄은 심장에서 나가는 피가 흐르는 동맥과 심장으로 들어오는 피가 흐르는 정맥, 두 가지가 있어요. 심장에서 나가는 피에는 산소가 많이 들어 있기 때문에 붉은색이지만, 심장으로 들어오는 피에는 이산화탄소가 많기 때문에 검붉은 색을 띠어요.

핏줄이 파랗게 보이는 것은 산소가 적어 검붉은 피가 피부를 통해서 보이기 때문에 그래요. 붉은 피가 흐르는 동맥은 피부 깊숙이 있기 때문에 볼 수 없지만, 검붉은 피가 흐르는 정맥은 피부 바로 밑에 있어서 볼 수 있거든요. 손등에 보이는 가늘고 파란 핏줄이 바로 정맥이에요.

적혈구 + 헤모글로빈 + 산소 → 산소가 적으면 검붉은색

대정맥
심장으로 들어오는 피가 흐르는 혈관

대동맥
심장에서 나가는 피가 흐르는 혈관

산소가 많아.

이산화탄소

붉은색

산소

검붉은색

산소

이산화탄소

나는 심장!

얼굴은 왜 빨개지거나 하얘질까요?

 부끄럽거나 심한 운동을 하면 얼굴이 빨개져요. 모세 혈관이라는 실핏줄에 피가 많이 몰리기 때문이에요. 피가 몰려들면 실핏줄들은 많은 피를 통과시키기 위해서 부풀어요. 얼굴 피부는 아주 얇아서 이것이 겉으로 다 드러나요. 그래서 얼굴이 빨갛게 보이는 거예요.

 그럼 깜짝 놀라거나 무서울 때는 왜 얼굴이 하얘질까요? 이때는 핏줄이 수축하기 때문에 그래요. 깜짝 놀라 심장이 빨리 뛰면 핏줄이 좁아지면서 피의 양이 적어져요. 그러면 얼굴색이 하얘진답니다.

 운동할 때도 빨개져.

 깜짝이야! 내 얼굴 하얘졌지?

 화가 났을 때도 얼굴이 빨개져.

부끄 부끄

심장이 **콩콩!**

혈액형을 바꿀 수도 있나요?

혈액형은 A형, B형, O형, AB형으로 나뉘는데, 태어날 때 이미 정해져 있어요. 그런데 골수 이식을 통해서 혈액형을 바꿀 수도 있어요.

피는 뼛속의 골수에서 만들어지는데, 어떤 사람들은 골수가 제 역할을 못 하기도 해요. 그러면 다른 사람의 골수를 이식받아야 살 수 있어요. 혈액형이 달라도 조직형이 같으면 골수를 받을 수 있어요.

이렇게 받은 골수가 몸에 들어가서 정상적으로 피를 만들기 시작하면 골수를 받은 사람의 혈액형은 골수를 준 사람의 혈액형으로 바뀌게 된답니다.

우리 몸

- 소름은 왜 돋을까요?
- 여드름은 왜 생기나요?
- 모기에 물리면 왜 가려운가요?
- 점과 주근깨는 왜 생길까요?

신비한 우리 몸으로 출발~!

상처가 났을 때 피는 어떻게 멈추나요?

칼에 베이거나 넘어져서 상처가 나면 피가 흘러나와요. 그러면 피를 이루고 있는 혈소판이 상처가 난 곳으로 몰려들어 엉겨 붙어 피를 굳혀요. 이렇게 만들어진 핏덩어리가 상처 난 곳을 막아 주면 피는 곧 멈추게 돼요. 또 세균이 상처 속으로 들어가지도 못하고요. 이 핏덩어리는 굳어서 딱지가 돼요.

피부는 상처 난 곳을 치료하려고 새로운 세포를 많이 만들어 내기 때문에 얼마 후면 새살이 돋아나요. 그럼 딱지는 저절로 떨어진답니다.

부러진 뼈는 어떻게 다시 붙을까요?

뼈는 우리 몸을 지탱해 주는 중요한 역할을 해요. 우리 몸에 뼈가 없다면 온몸이 흐물흐물해져서 단 1초도 서 있지 못할 거예요.

팔뼈나 다리뼈는 다른 뼈보다 길고 약해서 잘 부러지지만 시간이 지나면 저절로 다시 붙어요. 뼈가 부러지면 그곳에 가골이라는 끈끈한 물질이 만들어져요. 가골은 부러진 뼈의 빈 곳을 메운 후 조금씩 단단하게 굳으면서 부러진 뼈를 붙여 준답니다.

> 뼈를 튼튼하게 하려면 우유, 치즈, 멸치 등 칼슘이 풍부한 음식을 먹어야 해요. 칼슘이 잘 흡수되려면 비타민 D가 필요해요. 비타민 D는 햇볕을 쬐면 저절로 생긴답니다.

관절을 꺾으면 왜 소리가 날까요?

 뼈와 뼈를 연결해 주는 부분을 관절이라고 해요. 관절 양 끝은 흔히 물렁뼈라는 연골로 덮여 있는데, 연골 바깥은 얇은 막으로 싸여 있어요. 막 안에는 활액이라는 미끈거리는 액체가 들어 있어서 연골에 영양분을 공급하거나 구부릴 때 부드럽게 움직일 수 있도록 해 줘요.

 손가락뼈를 꺾을 때 '우두둑' 소리가 나는 것은 관절을 둘러싸고 있는 활액에서 공기가 빠져나가는 소리예요. 활액 속에는 공기가 들어 있어요. 손가락뼈를 꺾으면 활액을 꽉 누르게 되고, 압력을 받은 활액 속의 공기가 빠져나가면서 소리를 냅니다.

사람은 몇 살까지 키가 클까요?

 갓난아기의 몸에는 뼈가 300개 정도 있어요. 그런데 어른이 되면 206개로 줄어들어요. 아기 때의 작고 물렁했던 뼈들이 자라면서 서로 착 붙어서 딱딱하고 큰 뼈가 되기 때문이에요.

 사람의 일생에서 키가 가장 많이 크는 때는 태어나서 첫돌이 될 때까지예요. 그때는 1년에 25센티미터나 자란답니다.

 사람의 뼈는 성장 호르몬의 분비가 적어지고, 뼈 끝에 있는 성장판이 닫히면 더 이상 자라지 않아요. 남자는 25~28세, 여자는 23~24세 정도가 되면 성장을 멈춰요.

성장 호르몬은 잠잘 때와 운동할 때 가장 많이 나와요. 그리고 성장 호르몬은 밤 10시부터 새벽 2시 사이에 가장 많이 나온다고 해요. 그러니 일찍 자야겠지요?

우리 몸은 어떻게 움직이나요?

우리 몸은 근육으로 둘러싸여 있어요. 우리가 움직일 수 있는 것은 다 이 근육 덕분이에요.

근육은 두 종류가 있는데, 하나는 뼈에 붙어 있는 근육이에요. 뇌가 이곳의 근육에 명령을 내리면 근육이 늘어나거나 오그라들면서 뼈를 잡아당기기도 하고 다시 놓아주기도 하여 몸을 움직일 수 있어요.

또 다른 근육은 위나 창자 같은 기관이에요. 이 근육들은 뼈에 붙어 있지 않으며, 우리가 원하는 대로 마음대로 움직일 수 없어요.

얼굴을 찡그리거나 웃을 수 있는 것도, 눈을 깜빡이는 것도 다 이 근육 덕분이랍니다.

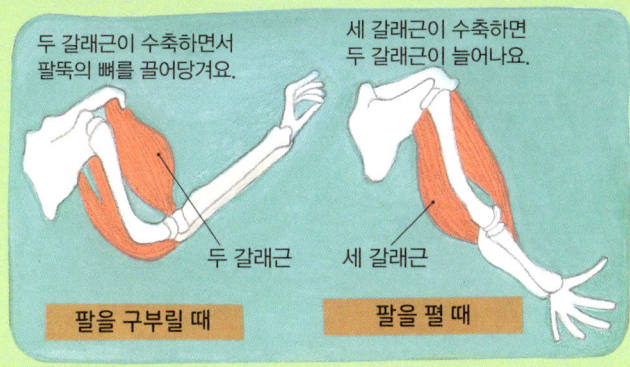

두 갈래근이 수축하면서 팔뚝의 뼈를 끌어당겨요.

세 갈래근이 수축하면 두 갈래근이 늘어나요.

두 갈래근 / 세 갈래근

팔을 구부릴 때 **팔을 펼 때**

근육 덕분에 자유롭게 움직일 수 있어~.

웃는 것이 왜 몸에 좋을까요?

 웃을 때는 얼굴 근육은 물론 목 근육, 호흡기와 배 근육까지 30여 가지의 근육이 움직여요. 15분 동안 실컷 웃으면 3분 동안 달리기를 한 것과 같은 효과를 얻을 수 있어요. 또 혈액 순환도 잘 되고, 질병에 대한 면역력도 높아져서 건강해질 뿐만 아니라 스트레스를 이겨 내는 힘도 생겨난답니다.

 아, 너무 오래 웃으면 배가 아프다고요? 그것은 평소에 잘 쓰지 않는 복근이 움직이면서 장을 자극해서 그래요. 장이 운동을 많이 해서 아픈 것이니까 걱정하지 말고 실컷 웃으세요. 웃으면 행복해진답니다.

쥐는 왜 날까요?

근육은 오그라들었다가 늘어나는 활동을 통해서 뼈를 움직이게 해요. 그런데 수축했던 근육이 풀어지지 않으면 근육이 딱딱하게 굳어지면서 아파요. 이것이 바로 쥐예요.

설사를 하거나 땀을 많이 흘려 몸에 수분이 부족할 때, 과로했을 때, 운동 전 준비 운동을 제

대로 하지 않았을 때, 무리하게 근육을 움직여서 젖산이라는 노폐물이 많이 쌓였을 때 쥐가 나기 쉬워요.

쥐는 주로 장딴지에 많이 나요. 장딴지에 쥐가 났을 때는 무릎을 쭉 펴고 발을 발등 쪽으로 세게 꺾어 주세요. 수축한 근육을 쫙 펴서 반대 근육과 균형을 되찾게 해야 쥐가 풀어지거든요.

쥐가 났을 때 근육을 따뜻하게 하거나 마사지를 하면 도움이 돼요.

피부색은 왜 인종마다 다른가요?

 피부에는 멜라닌이라는 갈색 색소가 있어요. 멜라닌이 많을수록 피부색은 검어지고, 멜라닌이 적을수록 피부색은 하얘진답니다.
 피부색은 사는 곳의 자연 환경과 밀접한 관계가 있어요. 더운 나라에 사는 사람들이 추운 나라에 사는 사람들보다 피부가 검어요. 강한 햇볕을 쬐면 햇볕 속의 자외선이 멜라닌 세포를 자극하여 멜라닌 색소를 더 많이 만들어 내요. 또 자외선이 피부 깊숙이 들어가지 못하게 막으려고 멜라닌 색소가 점점 피부 바깥으로 올라와요. 그래서 더운 나라 사람들의 피부는 검을 수밖에 없답니다.

왜 햇볕에 피부가 탈까요?

　한여름에 뜨거운 햇볕을 오래 쬐면 피부가 빨갛게 변해요. 햇볕 속에는 자외선이라는 광선이 있어요. 바로 그 자외선에 피부가 데어서 빨갛게 되는 것이랍니다.

　강한 햇볕을 오래 쬐면 우리 몸은 자외선을 흡수하고 피부를 보호하기 위해서 멜라닌이라는 갈색 색소를 많이 만들어 내요. 그래서 피부가 갈색으로 변해요.

　피부는 흐린 날에도 타요. 자외선은 구름도 뚫고 내려오거든요. 또 겨울날 신나게 눈썰매를 타고 났을 때도 피부가 좀 검게 변해요. 눈이나 물에 반사된 햇볕에도 타기 때문이에요.

지문은 왜 있나요?

손가락 끝에는 여러 가지 모양으로 파인 홈이 있어요. 바로 지문이에요. 지문은 엄마 배 속에 있을 때 생기는데, 피부 표면의 땀구멍이 이어져 만들어진 거예요.

지문의 모양은 사람마다 다 달라요. 쌍둥이들도 서로 지문이 다르답니다. 지문은 물건이 손에서 미끄러지지 않도록 도와줘요. 촉감을 느낄 수 있는 것도 지문 덕분이랍니다.

발바닥의 지문도 발이 미끄러지지 않게 하려고 있는 거예요.

지문은 고릴라나 침팬지처럼 손으로 물건을 잡을 수 있는 동물한테도 있답니다.

땀은 왜 흘릴까요?

 운동을 열심히 하면 몸이 더워지면서 땀이 흘러요. 무더운 여름날엔 가만히 있어도 땀이 저절로 줄줄 흐르지요.
 땀은 피부 깊숙한 곳에 있는 땀샘에서 만들어져요. 우리 몸은 체온이 올라가면 땀을 흘리게 돼 있어요. 땀구멍으로 흘러나온 땀이 증발할 때 몸의 열도 함께 빠져나가 몸을 식혀 주기 때문에 땀을 흘려 몸의 온도를 유지하는 거지요. 참, 우리 몸에서 땀이 가장 많이 나는 곳은 이마예요. 이마에 땀샘이 가장 많거든요.

땀은 99퍼센트가 물이에요. 그래서 땀을 많이 흘린 뒤에는 물을 마셔야 해요. 땀을 흘릴 때 우리 몸속의 찌꺼기도 함께 나오기 때문에 적당히 땀을 흘리면 건강에 좋답니다.

때는 왜 생길까요?

    피부는 계속 새로운 세포를 만들어 내면서 늙은 피부를 밖으로 밀어 올려요. 그때 늙은 피부 세포가 더 이상 영양과 산소를 공급받지 못하면 세포는 죽는답니다.

    죽은 세포는 각질층으로 변해요. 그러니까 피부 가장 바깥은 죽은 세포로 덮여 있는 각질층이에요. 우리가 목욕할 때 나오는 때가 바로 죽은 세포들이랍니다.

    각질층은 죽은 세포이지만 우리 몸에 꼭 필요해요. 해로운 병균이 피부로 들어오지 못하게 막고, 몸의 수분이 빠져나가지 못하게 하거든요.

멍은 왜 생길까요?

피부 바로 아래에는 가느다란 모세 혈관들이 퍼져 있어요. 우리가 어디에 세게 부딪히면 그곳의 모세 혈관이 터지면서 피가 빠져나와 피부 밑에 퍼지게 돼요. 바로 멍이에요.

그런데 멍은 왜 빨갛지 않고 파랄까요? 핏속의 적혈구에는 헤모글로빈이라는 붉은 색소가 있어요. 헤모글로빈이 산소와 만나면 붉은색을 띠지만, 산소를 잃어버리면 검붉은색을 띠어요.

모세 혈관이 터져서 흘러나온 피는 더 이상 산소를 공급받을 수 없기 때문에 색이 검붉어요. 검붉은 피가 피부를 통해서 보이기 때문에 파랗게 보이는 거랍니다.

늙으면 왜 주름살이 생길까요?

피부에는 탄성 섬유가 있어요. 젊을 때는 탄성 섬유의 탄력이 좋기 때문에 피부가 탱탱하고 부드러워요. 그런데 나이가 들면 단백질과 수분이 빠져나가 탄성 섬유의 탄성이 줄어들어요. 그러면 피부가 거칠어지고 탄력도 없어져요. 그래서 늙으면 주름살이 생기는 거예요.

또 잘 느끼지는 못하지만 우리는 지구의 중심에서 잡아당기는 중력을 받기 때문에 살이 아래로 처지기도 한답니다. 게다가 얼굴은 수십 년 동안 울거나 웃거나 찡그리는 등 여러 가지 표정을 반복하기 때문에 자신도 모르는 사이에 눈가, 입가, 이마에 주름살이 생겨요.

목욕을 오래 하면 왜 피부가 쪼글쪼글해질까요?

물속에 오래 있으면 피부 가장 바깥에 있는 각질층으로 물이 조금씩 스며들어 부피가 늘어나요. 하지만 물 밖으로 나가면 이 물이 다시 몸 밖으로 빠져나가기 때문에 늘어났던 피부가 쪼글쪼글해져요.

손가락이나 발가락은 다른 곳보다 각질층이 두꺼워서 물을 더 많이 흡수하기 때문에

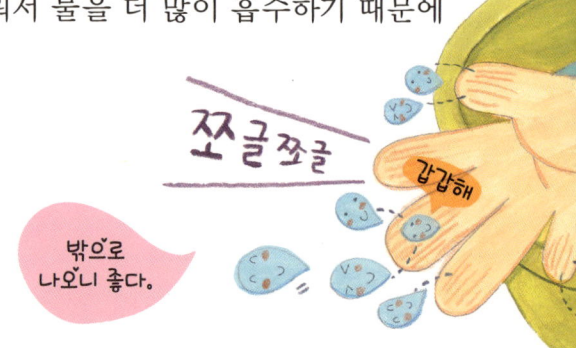

유난히 더 쪼글쪼글해요.
 강이나 바다에서 수영할 때보다 목욕할 때 피부가 더 쪼글쪼글해지는 것은 뜨거운 물일수록 피부가 더 빨리 붇기 때문에 그렇답니다.

소름은 왜 돋을까요?

우리 몸은 항상 일정한 체온을 유지하려고 해요. 추운 겨울에 소름이 돋는 것도 우리 몸의 열을 더 이상 빼앗기지 않으려는 노력의 하나예요.

추우면 털뿌리에 있는 근육이 오그라들면서 털뿌리를 잡아당겨요. 그러면 털뿌리가 일어서면서 옆의 살갗은 작은 알갱이처럼 볼록 솟아올라요. 바로 소름이에요. 털이 세워지면 털과 털 사이에 따뜻한 공기층이 만들어져서 보온 효과가 있거든요.

여드름은 왜 생기나요?

피부 표면에는 얇은 피지막이 있어요. 여드름은 한꺼번에 너무 많이 분비된 피지가 피부로 나오지 못하고 쌓여 있을 때 균에 감염되어 곪은 거예요.

여드름은 한번 생기면 잘 없어지지 않아요. 게다가 여드름을 더러운 손으로 짜면 오히려 세균에 감염되어 곪기 때문에 자국이 남기도 하지요.

여드름을 예방하려면 깨끗이 씻어야 해요. 또 기름기나 당분이 많은 음식보다는 신선한 과일이나 야채를 먹고, 잠을 충분히 자야 한답니다.

여드름을 예방하려면?

잘 씻고~

신선한 야채와 과일을 먹고~
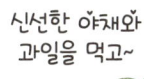

잠을 충분히 자요!

점과 주근깨는 왜 생길까요?

점은 피부에 있는 멜라닌 색소 세포가 너무 많이 만들어져서 생긴 거예요.

주근깨도 점의 한 종류예요. 이것도 멜라닌 색소가 한곳에 많이 쌓여서 생긴 거예요.

주근깨는 주로 햇빛에 드러나는 부위에 많이 생기지만, 점은 온몸 어디에나 생겨요.

주근깨나 점은 햇빛을 많이 쪼일수록 더 검어지고 많아져요. 햇빛을 조심하고 신선한 과일을 많이 먹으면 주근깨나 점이 생기는 것을 조금은 막을 수 있어요. 하지만 멜라닌 세포는 유전되기 때문에 부모에게 주근깨가 많으면 자녀도 그럴 가능성이 높답니다.

모기에 물리면 왜 가려운가요?

무는 모기는 모두 암컷이에요. 암컷 모기가 품고 있는 알에 필요한 영양분을 얻기 위해서 사람이나 동물의 피를 빨아 먹거든요.

모기가 피를 빨아 먹을 때 모기의 침이 우리 몸으로 들어가요. 우리 몸은 모기 침 같은 이물질이 들어오면 '히스타민'이라는 물질이 새어 나와 핏속의 백혈구를 불러 내요. 그러면 피부가 가렵고 부어 오르게 돼요. 물린 곳을 긁다 보면 주변에 있는 피부에서도 히스타민이 새어 나오기 때문에 점점 더 많이 붓고 가려워진답니다.

모기는 체온이 높거나 피부가 습한 사람을 좋아해요. 그래서 아기들이 모기한테 잘 물리는 거예요. 또 모기는 땀 냄새나 화장품 냄새를 맡고 쫓아오기도 해요.

물집은 왜 생길까요?

피부는 가장 겉면인 '표피'와 그 밑의 '진피'로 나뉘어요. 평소에는 표피와 진피가 딱 붙어 있지만 서로 떨어질 때도 있어요. 바로 물집이 생겼을 때예요.

뜨거운 것에 살짝 데었을 때에는 피부가 발갛게만 변해요. 하지만 아주 심하게 데었을 때에는 그곳이 부풀어 올라요. 표피가 진피에서 떨어지고 그 사이에 핏속의 '혈장'이 괴어서 물집이 생겼기 때문이에요.

물집은 함부로 터뜨리지 않는 게 좋아요. 세균이 들어가면 상처가 더 심해질 수 있거든요.

여자는 왜 수염이 나지 않을까요?

　여자도 수염이 난답니다. 여자는 수염이 잘 자라지 않을 뿐이지, 아예 안 나는 것은 아니에요. 게다가 여자의 수염은 솜털같이 가늘고 짧아서 눈에 잘 띄지 않을 뿐이에요.

　수염이 자라는 것은 호르몬과 관계가 있어요. 남성 호르몬은 수염과 털을 잘 자라게 하지만 머리카락은 잘 자라지 않게 해요. 반대로 여성 호르몬은 머리카락은 잘 자라게 하지만 다른 털은 잘 자라지 않게 한답니다.

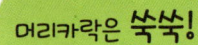
머리카락은 쑥쑥!

여자는 왜 남자보다 추위에 더 강한가요?

사람의 몸에는 피부 바로 밑에 피하 지방이라는 지방층이 있어요. 피하 지방은 섭취한 영양분 중에서 남는 것을 모아 두었다가 에너지가 필요할 때 쓰거나, 몸의 온도를 일정하게 유지하도록 도와주지요.

흔히 여자가 남자보다 피하 지방이 두꺼워요. 어린이보다는 어른의 피하 지방이 더 두껍고요. 따라서 날씨가 추워지면 여자들은 몸에서 열이 빠져나가는 것을 남자보다 많이 막을 수가 있어요. 그래서 여자가 남자보다 추위에 더 강한 것이랍니다.

남자는 왜 여자보다 목소리가 굵은가요?

목구멍 아래에는 길이 두 개 있어요. 음식이 내려가는 '식도'와 코와 입으로 들어온 공기가 내려가는 '기도'예요.

기도의 입구를 '후두'라고 하는데, 바로 여기에서 목소리가 만들어진답니다.

소리를 내려면 숨을 내쉬어야 해요. 이때 숨이 나오면서 후두 안에 있는 '성대'를 건드려요. 그럼 성대가 떨리면서 소리를 내요.

남자가 여자보다 목소리가 굵은 이유는 여자보다 후두가 넓고 성대가 길기 때문이에요. 성대가 길면 목소리가 굵어지고, 성대가 짧으면 목소리도 가늘어진답니다.

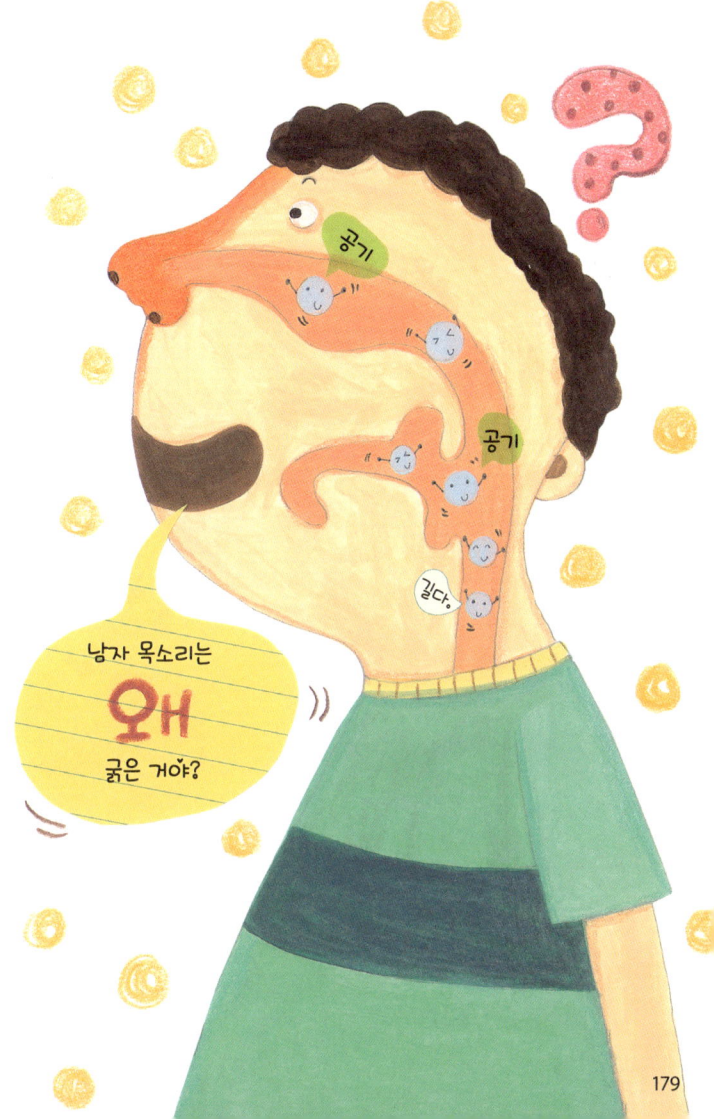

아기는 어떻게 엄마 배 속에서 숨을 쉴까요?

아기가 엄마 배 속에 있을 때는 '양수'라는 액체 속에 있어요. 이때 아기는 스스로 먹을 수도 없고 코로 숨을 쉴 수도 없어요. 대신 탯줄이라는 관으로 영양분과 산소를 공급받아요. 그래서 탯줄을 '태아의 생명 줄'이라고도 해요.

탯줄의 한쪽은 아기의 배꼽에 연결되어 있고, 다른 한쪽은 엄마의 태반에 연결되어 있어요.

엄마의 피가 태반을 통해 아기에게 필요한 것들을 공급해 주고, 반대로 아기가 내보내는 찌꺼기나 이산화탄소는 탯줄을 통해 엄마의 피로 간답니다.

배꼽은 왜 있을까요?

배꼽은 탯줄이 있던 자국이에요.

탯줄은 아기가 엄마 배 속에 있을 때 영양분과 산소를 공급받던 긴 관이에요.

아기가 태어나면 허파로 숨을 쉬게 되므로 더 이상 탯줄이 필요 없어요. 그래서 탯줄을 조금만 남기고 잘라 버려요. 열흘 정도 지나면 남아 있던 탯줄이 마저 떨어지면서 배꼽이 닫혀요.

태어나면

아기는 엄마 배 속에서 탯줄로 영양분과 산소를 공급 받아요.

배꼽 부분은 보통 배보다 쏙 들어가지만, 간혹 볼록 튀어나오는 배꼽도 있답니다.

탄산음료를 마시면 왜 살이 찌나요?

우리 몸은 먹고 활동을 하지 않으면 음식에서 얻은 에너지를 다 사용하지 못하고 피부 밑에 지방으로 저장해요. 바로 살이 찌는 것이지요. 특히 지방이 많은 음식이나 탄산음료처럼 당이 많은 음식은 칼로리가 아주 높아서 쉽게 살이 찐답니다.

라면 같은 인스턴트식품이나 햄버거 같은 패스트푸드 음식들은 편리하게 먹을 수 있다는 장점이 있지만, 칼로리가 높을 뿐만 아니라 설탕이나 소금이 많이 들어가 있어요. 그래서 너무 자주 먹으면 당뇨병이나 고혈압 같은 병에 걸릴 수 있답니다.

지방이 차곡차곡~.

내가 좋아하는 탄산음료~!

뚱뚱~

콜라
탄산

자기 자신을 간질이면 왜 간지럽지 않을까요?

우리 몸에는 간지럼을 잘 타는 곳이 있어요. 겨드랑이나 허리, 갈비뼈, 발바닥, 손바닥 같은 곳이지요. 이런 곳은 우리 몸 중에서도 특히 약한 곳이기 때문에 외부의 자극을 받으면 간지럼을 타게 해서 몸을 빼내어 보호하려고 한답니다. 따라서 간지럼을 타는 것은 본능적인 방어 행동이라고 할 수 있어요. 심지어 다른 사람이 간지럼을 태우는 시늉만 해도 간지럼을 탄답니다.

그런데 자기가 자신을 간질이면, 언제 어디를 간질일 것인지 우리 뇌가 미리 알아차리기 때문에 전혀 간지럽지 않답니다.

영양실조에 걸렸는데 왜 배는 불룩한가요?

사람이 건강하게 살아가려면 여러 가지 영양분이 골고루 다 필요해요. 만약 영양분이 제대로 공급되지 않으면 우리 몸의 세포들이 위축되기 시작해요. 그래서 영양실조에 걸린 사람의 팔이나 다리는 뼈만 앙상하게 되는 거예요.

그런데 배는 오히려 불룩하게 나와요. 이런 현상을 '기아 부종'이라고 해요. 핏속에 단백질이 부족하기 때문에 생기는 현상이에요.

우리 몸의 조직에서는 계속 액체가 나오는데 너무 많이 나오면 남는 것을 림프관으로 내보내요. 림프샘은 이렇게 핏줄 밖에 고인 액체를 없애는 일을 하는데, 단백질이 부족하면 림프샘이 제대로 활동하지 못해 액체가 조직 속에 계속 쌓여 붓게 돼요. 그러면 배만 불룩 나오게 된답니다.

아프면 왜 열이 날까요?

건강한 사람의 체온은 항상 약 36.5도예요.

그런데 몸에 세균이 침입하면 우리 몸은 몸의 온도를 올려서 세균과 싸운답니다. 대부분의 세균은 우리 몸의 정상 체온보다 높은 온도에서는 살 수 없거든요. 그래서 아프면 열이 나는 거예요. 또 우리 몸에 세균이 침입하면 핏속의 백혈구가 세균과 맞서 싸우는데, 이때 열이 나면 백혈구가 싸우기 훨씬 좋답니다.

밥을 먹으면 왜 졸릴까요?

 우리가 음식을 먹으면 위는 아주 바빠져요. 먹은 음식을 소화시키기 위해서 꿈틀거리며 활발하게 움직여야 하거든요. 또 위는 위액과 잘 섞은 음식물을 작은창자로 조금씩 보내 주는 일도 해야 해요.
 위가 활발하게 일을 하려면 위에 더 많은 산소와 영양분이 필요하게 돼요. 그래서 피가 위로 몰려들어 산소와 영양분을 필요한 만큼 전달해 준답니다. 대신 뇌와 다른 곳으로 가는 피는 모자라게 돼요. 뇌에 피가 덜 가면 산소와 영양분이 잘 공급되지 않아요. 그러면 뇌가 피로를 느껴 활동이 둔해지고 졸리게 된답니다.

사람은 먹지 않고 얼마나 살 수 있나요?

우리가 살아가려면 여러 가지 영양소가 필요해요. 사람은 음식을 먹음으로써 필요한 영양소들을 얻고 있답니다. 그러니 먹지 않으면 살 수 없겠지요. 하지만 음식을 먹지 않더라도 바로 죽지는 않아요. 다행히 사람의 피부 밑에는 피하 지방이 있기 때문에 음식을 먹지 않아도 1~3개

월 정도는 살 수 있답니다.

 하지만 물을 마시지 않으면 겨우 3일 정도밖에 살지 못해요. 우리가 움직이지 않고 가만히 있어도 숨을 쉴 때마다 우리 몸의 수분이 빠져나가기 때문이에요.

부록

응급 처치

상식

- 코피가 날 때
- 발목을 삐었을 때
- 귀에 벌레가 들어갔을 때
- 칼에 베었을 때

우리 몸에 닥친 여러 응급 상황에
발 빠르게 대처하는 방법을
알아볼까요?

코피가 나요!
솜이나 거즈로 코를 막고 양쪽 콧등을 꽉 눌러서 피를 멈추게 해요. 이때 머리를 앞으로 숙여야 코피가 허파로 흘러 들어가지 않아요.

귀에 벌레가 들어갔어요!
손전등을 귀에 비춰 벌레가 불빛을 따라 밖으로 나오게 해요. 죽은 벌레가 들어갔을 때에는 오일을 한두 방울 귀에 떨어뜨린 후 귀를 아래쪽으로 기울이면 돼요.

뱀에 다리를 물렸어요!
독이 퍼지지 않도록 물린 곳을 포함해서 한쪽 다리 전체를 압박 붕대로 감고 병원으로 가야 해요. 소독을 한다고 술이나 알코올을 뿌리면 독이 빨리 퍼져 위독해져요. 얼음으로 문지르면 상처 부위가 썩을 수 있어요.

벌에 쏘였어요!

딱딱한 카드를 이용해 상처 부위를 긁어내듯이 쓸어서 남아 있는 침을 제거하고 얼음찜질을 해요. 호흡 곤란 등의 증세가 나타나면 즉시 병원으로 가야 해요.

발목을 삐었어요!

얼음찜질로 통증을 줄인 후, 골절이 의심되면 손상 부위가 움직이지 않도록 고정시킨 다음 즉시 병원에 가야 해요.

뜨거운 물에 데었어요!

1도 화상일 경우에는 흐르는 물로 상처 부위의 열을 충분히 식혀 줘요. 화상 부위가 넓을 경우 물을 많이 뿌리면 저체온증으로 생명이 위독해질 수도 있어요. 물집이 생겼을 경우 터뜨리지 말고 병원 치료를 받도록 해요.

경련을 일으켜요!
주변의 위험한 물건을 치우고 얼굴을 옆으로 돌려 구토물이 폐로 들어가지 않도록 해요. 경련을 멈추게 하려고 몸을 억지로 누르면 안 돼요. 경련이 멈추면 병원 진료를 받도록 해요.

독극물을 마셨어요!
나프탈렌 같은 것을 먹었을 때에는 소금물을 마셔 토하게 해요. 그러나 알약이나 캡슐 형태의 독물을 먹었을 경우에는 물을 마시면 안 돼요. 환자를 왼쪽으로 눕혀 위 속의 내용물이 작은창자로 가는 시간을 늦춰요.

피부가 찢어졌어요!
흐르는 물로 상처 부위를 깨끗이 한 다음 소독을 하고 반창고를 붙이면 돼요. 하지만 큰 상처는 깨끗한 거즈나 수건으로 지그시 눌러 지혈을 한 후 병원에 가야 해요.

눈을 찔렸어요!

흐르는 피만 닦은 뒤 거즈를 살짝 대고 병원에 가야 해요. 지혈을 위해 눈을 압박하면 오히려 안구를 손상시킬 수 있으니 절대 하면 안 돼요.

칼에 베었어요!

살짝 베었을 때에는 소독한 거즈를 상처에 대고 출혈 부위를 눌러요. 이때 출혈 부위를 심장보다 높게 올려주는 게 좋아요. 상처가 깊을 때에는 봉합 수술을 할 수도 있으므로 지혈을 한 후 병원으로 가요.

갑자기 열이 나요!

겨드랑이, 발목, 가랑이 부분을 차게 해서 열을 내리거나 미지근한 물수건으로 온몸을 마사지해 주는 게 좋아요. 물을 자주 먹어 수분을 보충해 주고, 39도가 넘는 고열이 날 때에는 즉시 병원으로 가야 해요.

상한 음식을 먹었어요!

빨리 토하는 게 좋아요. 소화가 안 되고 배탈이 났을 때는 따뜻한 물을 자주 마시고 배에 온찜질을 해서 위장이 잘 움직이도록 해 주어요. 과일 주스나 탄산음료는 위에 자극을 주므로 마시지 않는 편이 좋아요.

설사를 해요!

탈수 현상이 생기면 수분과 전해질을 보충해 줘야 해요. 전해질 용액은 물 1리터에 소금 반 티스푼, 소다 반 티스푼, 설탕 두 스푼을 섞어 만들어요. 배를 따뜻하게 찜질하고, 몸도 따뜻하게 유지해야 해요.

눈에 뭐가 들어갔어요!

흙먼지나 티끌 등이 들어갔을 때에는 눈물을 흘려서 자연적으로 빠져나오게 해요. 눈물이 잘 나오지 않으면 깨끗한 물을 받아서 얼굴을 담그고 눈을 깜빡이는 방법도 좋아요.

피부가 햇볕에 타서 아파요!

차가운 물수건이나 찬 우유를 적신 탈지면으로 피부를 찜질해요. 알로에나 오이로 팩을 하는 것도 좋아요. 몸을 씻을 때는 차갑거나 미지근한 물로 가볍게 씻고, 비누나 샴푸는 피부를 건조하게 하므로 피하도록 해요.

발에 유리가 박혔어요!

눈에 보이는 유리 조각은 핀셋으로 뽑은 뒤 흐르는 물에 씻고 상처를 소독해요. 보이지 않는 작은 유리 조각은 병원에 가서 엑스레이를 찍어야 해요. 큰 유리 조각은 뽑지 말고 그대로 둔 채 병원으로 가도록 해요.

체했어요!

무즙을 한 컵 먹거나 매실차를 마셔요. 또는 양쪽 손의 엄지와 검지 사이를 약 10~15분 정도 꾹꾹 눌러 지압을 해요. 명치 뒤쪽 등을 두드리거나, 살살 문지르거나, 가볍게 눌러 주어도 체기가 빨리 풀어져요.

생선 가시가 목에 걸렸어요!

날달걀을 톡 깨서 그대로 꿀꺽 삼켜요. 떠먹는 요구르트를 먹어도 좋아요. 또는 식초를 물에 타서 입에 물고 두세 번 가글하면 생선 가시를 넘기는 데 도움이 돼요. 밥을 한 술 삼키는 것은 좋은 방법이 아니에요.

사레들렸어요!

의자나 책상 모서리에 횡격막 아래쪽을 딱 붙이고, 배를 아래에서 위로 밀어 올린다는 느낌으로 힘껏 눌러 줘요. 기도에 걸린 음식물이 나올 때까지 계속 해야 해요. 모서리가 뭉툭하고 단단한 물체를 이용하도록 해요.

이가 부러졌어요!

이가 부러지고 30분 안에 치과에 가야 효과적으로 치료를 받을 수 있어요. 부러진 이는 우유나 식염수 속에 담아서 가져가요. 이것이 없으면 흙을 털어내고 입안에 넣어서 가져 가요. 수돗물에는 절대 넣으면 안 돼요.

동상에 걸렸어요!

따뜻한 물로 동상에 걸린 손발을 녹여 주어요. 약 20~40분 정도 담그고, 물이 식지 않도록 따뜻한 물을 계속 채워 주어요. 또 마른 거즈를 손가락과 발가락 사이에 끼워서 서로 달라붙지 않게 해 주어요.

개가 물었어요!

물린 부분을 깨끗한 물로 씻고 소독약으로 소독한 다음 바로 병원으로 가야 해요. 병원에서는 상처 치료와 항생제 처방뿐만 아니라 파상풍 예방접종도 하는 편이 좋아요.

문틈에 손이 끼었어요!

먼저 얼음찜질을 해요. 얼음이 없다면 수돗물을 틀어 놓고 다친 부위를 5분 이상 대고 있어요. 손가락이 부러졌을 경우는 두꺼운 종이나 나무젓가락 등을 손가락 아래에 대고 붕대나 손수건으로 묶어서 고정시켜요.

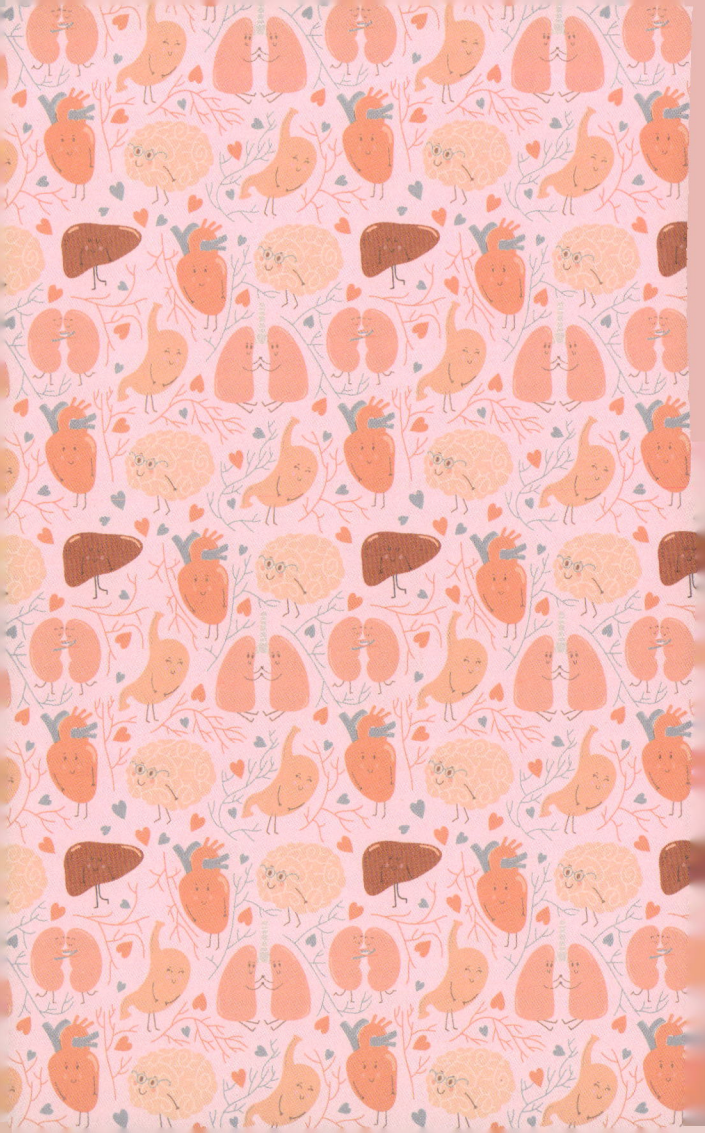